# Surdoués :

## s'intégrer et s'épanouir dans le monde du travail

CÉCILE BOST

# Surdoués :
## s'intégrer et s'épanouir
## dans le monde du travail

Vuibert

*Surdoués : s'intégrer et s'épanouir dans le monde du travail*
Par Cécile Bost

© Vuibert – avril 2016 – 5, allée de la 2ᵉ DB – 75015 Paris
Site Internet : **www.vuibert.fr**

ISBN : 978-2-311-62158-7

Maquette de couverture : Les Paoïstes
Mise en page de l'intérieur : JEDS
Responsable éditoriale : Caroline Roucayrol

*À mes enfants qui m'apprennent tant.*

# Sommaire

# INTRODUCTION

Mon précédent ouvrage, *Différence et Souffrance de l'Adulte surdoué*[1], s'attachait à expliquer les causes de ce sentiment de décalage quotidien si souvent ressenti par les surdoués, au point de les en faire souffrir quand ils n'étaient pas au courant des causes de ce décalage.

Le quotidien professionnel du surdoué est lui aussi truffé de difficultés spécifiques. Tout l'enjeu pour lui est d'apprendre à mieux se connaître et à développer des stratégies qui favoriseront son équilibre personnel, bien souvent sur le fil du rasoir. « Comme tout le monde ! » me direz-vous ; certes, mais pas tout à fait.

Pour un surdoué, mieux se comprendre, c'est d'abord comprendre un mode de fonctionnement fondé sur une réalité neurophysiologique singulière, c'est comprendre que le surdon est un « exhausteur de vie », non un privilège pas plus qu'un handicap. Ces informations ne se trouvent pas dans des ouvrages classiques de conseils en développement personnel, car ils ne sont pas, de fait, forcément adaptés au mode de fonctionnement, à la sensibilité et aux besoins du surdoué.

Aussi, écrire ce livre m'a semblé utile :

- Pour permettre aux surdoués de prendre du recul sur ce qu'ils vivent, de mieux comprendre les mécanismes à l'œuvre, d'identifier des stratégies pour améliorer leur quotidien.
- Parce que se savoir surdoué, comprendre ce que cela signifie et l'accepter, cela ne peut que faciliter la vie. Vraiment !

---

1. Éditions Vuibert, 2011 et 2013.

- Parce qu'enfin, dans le monde du travail, même avec la meilleure volonté du monde, les surdoués se font remarquer. Comprendre leur mode de fonctionnement singulier est d'un intérêt que je qualifie de stratégique pour les entreprises, tant du point de vue de la rentabilité que du point de vue de la prévention des risques psychosociaux.

Parce que je crois à l'importance de la diversité vécue de façon sereine, ce livre n'a en revanche pas vocation à demander, ni aux entreprises ni à la société, à ce que les surdoués soient considérés comme une catégorie particulière de handicapés, à ce qu'ils soient traités « à part » pour satisfaire les règles d'intégration de personnes handicapées. À mes yeux, l'intégration rendue légale n'est jamais qu'une forme d'exclusion, surtout dans une société qui se clive de plus en plus.

Complémentaire de *Différence et Souffrance de l'adulte surdoué*, *Surdoués : s'intégrer et s'épanouir dans le monde du travail* fait, lui aussi, appel à des témoignages : une trentaine de femmes et d'hommes, de 30 à 60 ans (médiane autour de 40 ans), cadres ou non, du privé et du public, de grands groupes ou de PME, en libéral ou commerçants, ont évoqué auprès de moi leur vie au travail.

Chapitre 1

# POURQUOI PARLER DES SURDOUÉS DANS LE MONDE DU TRAVAIL ?

Les malentendus sont tenaces. Si le surdon des enfants commence à être admis (à défaut d'être encore pleinement compris), celui de l'adulte suscite la perplexité chez ceux qui ignorent qu'il est possible d'être adulte et surdoué. Dès lors, nombreux sont ceux qui cherchent en vain à comprendre les racines du mal-être qui les ronge.

La médiatisation simpliste de cas anecdotiques n'améliore pas la connaissance d'une réalité dont l'importance continue à passer inaperçue chez nombre de thérapeutes, comme au sein des directions des ressources humaines.

Le surdon est une réalité neurophysiologique. Inné, il persiste tout au long de la vie, de façon plus ou moins heureuse suivant les acquis de chacun. Il n'est pas absolu. Le phénomène s'inscrit plutôt dans un continuum qui le rend difficile à cerner : il n'y a pas deux cerveaux identiques, et le surdon peut être « modéré » ou « extrême ». Il n'est pas un problème en soi…, même s'il peut en créer.

Résumer ce qu'est un surdoué en quelques mots académiques ou dans une liste fourre-tout serait dangereux : la construction identitaire vient interagir avec des caractéristiques qui « font » le surdon. Quand certains auront une vie épanouie, d'autres seront aux prises avec une question lancinante : « Où est ma place ? ».

Élément fondateur du développement social de chacun, l'estime de soi – le regard que chacun porte sur lui-même – se construit grâce aux toutes premières interactions sociales. Le parcours scolaire, prélude au monde du travail, a une incidence majeure sur l'avenir professionnel. Il n'existe pas de statistiques précises, mais les résultats des chercheurs convergent : l'école est la roche tarpéienne[1] de nombre de surdoués quand, pour les autres, le plus difficile est de choisir entre leurs multiples aptitudes dont certaines se heurtent aux besoins de la conformité familiale.

Dès l'enfance, un surdoué peut être stigmatisé pour ses aptitudes et son intelligence qui diffèrent singulièrement de ce qu'il est commun de constater dans un groupe. « Aptitude » et « intelligence », qui permettent de donner du sens en discernant l'information pertinente, renvoient aux exigences des entreprises. Et pourtant, on constate là encore qu'un surdoué y étonne et détonne.

L'étymologie d'« aptitude » vient du latin *apo* ou *apio* qui signifie attacher, lier, et celle d'*intelligere* signifie discerner, démêler, s'apercevoir, remarquer, apprécier (selon le *Dictionnaire Gaffiot*). Encore faut-il savoir ce que le mot « intelligence » recouvre ! Quand on consulte les nombreuses définitions données dans le dictionnaire *Larousse*, d'Ebbinghaus à Wechsler en passant par Binet et Terman, force est de reconnaître que, là non plus, il n'y a pas consensus.

## DES MALENTENDUS TENACES

C'est souvent à leurs seules productions que l'on identifie les surdoués, alors qu'ils sont d'abord intériorisation et ressentis :

---

1. La roche tarpéienne, rocher élevé, était dans la Rome antique le lieu d'exécutions capitales : de son sommet étaient précipités les criminels, mais aussi ceux qui souffraient d'une déficience mentale ou physique importante car on les croyait maudits des dieux (source Wikipedia).

Victoria Cowie : « À 11 ans, son QI est supérieur à celui d'Einstein ou de S. Hawking. »

Arthur Ramiandrisoa : « Le plus jeune bachelier de France a 11 ans et 11 mois. »

Jacob Barnett : « Un jeune génie de 12 ans remet en cause la théorie de la relativité d'Einstein. »

Aelita Andre : « À 5 ans, ses tableaux se vendent 12 000 $ pièce et elle fait l'objet d'un article dans le magazine du British Museum. »

La focalisation médiatique sur leurs accomplissements passe sous silence les processus mentaux singuliers au cœur de ce qui « fait » le surdon. Cela rend impossible la compréhension exacte de ce qu'est un surdoué, alors que cette compréhension affinée permettrait à nombre d'entre eux de se découvrir tels, de se comprendre davantage et, surtout, de mieux (se) vivre.

On sait que les surdoués peuvent être des enfants en échec scolaire, parfois suicidaires, ce qui explique que le mot « haut potentiel » devienne le qualificatif le plus employé. Il met en effet en avant que ce n'est pas parce que l'on est surdoué que l'on réussit pour autant brillamment dans la vie – réussir étant entendu au sens d'avoir fait de brillantes études, d'être bien inséré dans la société, d'avoir une vie affective épanouie et de produire des résultats remarquables.

Parce qu'à intelligence est souvent associé le mot excellence, la question de cette dernière induit en creux celle de l'échec. Voilà qui ne laisse pas beaucoup de place à une vie simple, dans laquelle on se sent serein parce qu'équilibré ; au contraire cette intelligence imprime une forte pression à tous ceux qui se découvrent surdoués à l'âge adulte...

Avant même d'aborder l'excellence, il faut parler de différence de synchronisation : d'abord avec la dyssynchronie, ensuite avec l'asynchronie. La dyssynchronie est un décalage qui se constate dès les premiers mois de l'enfant et qui peut être, soit moteur (acquisition de la marche et/ou du langage plus tôt que la moyenne), soit intellectuel (apprentissage précoce de la lecture). L'asynchronie, elle, se caractérise par le décalage existant entre maturité intellectuelle et maturité affective (un enfant de 5 ans peut avoir la puissance intellectuelle d'un enfant de 10 ans et les tempêtes émotionnelles d'un enfant de 2 ans). Ce décalage perdure à l'âge adulte et peut s'avérer dévastateur.

Tous les surdoués ne sont pas des génies, comme tous ne finissent pas drogués et marginalisés, mais tous ressentent, à un moment ou à un autre, qu'ils sont différents…, parce qu'ils le sont vraiment.

## TENTATIVES DE DÉFINITION ET CONSÉQUENCES

**«** Ils sont des Clio, là où moi je suis une Porsche. Je ne dois pas m'attendre (espérer) à ce qu'ils arrivent à me suivre sur un circuit. **»**

Le Loup

Sur son site « Talentdevelop », le psychologue américain Douglas Eby propose une liste d'idées préconçues sur les adultes surdoués :

- Ce sont des « *nerds* », c'est-à-dire qu'ils ne savent parler que de sujets scientifiques et techniques auxquels personne ne comprend rien (typiquement ce sont les trois sympathiques héros de la série *Big Bang Theory*).
- Ce sont, de ce fait, des inadaptés sociaux.
- Ils ont fait de brillantes études.
- Ils ont une culture encyclopédique.
- Ils sont bons en tout, donc ils réussissent tout ce qu'ils veulent.
- Ils font des carrières exceptionnelles.
- Ils sont capables de prendre l'avantage sur tout le monde grâce à leur intelligence.
- Ils sont maladroits (rappelez-vous le chercheur en biologie surdoué du film *Les dieux sont tombés sur la tête*).
- Ils n'ont aucun sens pratique parce qu'ils sont « trop intelligents ».

Cette liste d'affirmations « définitives » et partagées par beaucoup contribue à ce que les surdoués ne puissent pas un seul instant envisager de l'être. S'il est vrai que certains de ces stéréotypes peuvent se retrouver chez certains surdoués, ils ne peuvent pourtant, en aucun cas, les définir.

Mais alors, comment définir ce qu'est un surdoué?

Tout le problème est là: depuis que le sujet est sur la table, personne n'a vraiment réussi à s'entendre sur la définition à donner! Même si le mot «surdoué» – et les autres termes plus politiquement corrects qui lui ont succédé – est utilisé depuis relativement peu de temps, la constatation qu'il existe des individus aux compétences intellectuelles, artistiques ou sportives exceptionnelles, dont il faut cultiver le talent, remonte à l'Antiquité.

Le néologisme «surdoué» a été forgé dans les années quarante pour désigner celui dont les aptitudes dépassaient nettement la moyenne des capacités des enfants de son âge.

En 2006-2007, une étude Delphi[1] conduite aux Pays-Bas a abouti à cette définition: «*Un individu surdoué est un penseur rapide et intelligent, capable de traiter de façon approfondie des sujets complexes. Autonome, rigoureux et passionné, c'est une personne sensible et émotionnellement intense, qui vit intensément. Il ou elle aime à être créatif/ve.*»

La psychologue américaine Mary Elaine Jacobsen identifie, quant à elle, **trois «traits ombrelles»** pour expliquer ce qu'est un surdoué et ce qui le distingue du reste de la population: **intensité, complexité** et **dynamique personnelle**.

**L'intensité évoque une différence quantitative,** en particulier la sensibilité nerveuse (aussi bien physique qu'émotionnelle).

Les grands atouts de l'intensité concernent la sensibilité aux autres et l'empathie, un haut degré d'énergie – qui favorise la productivité et la créativité, mais aussi un certain sentiment d'urgence –, la curiosité et la capacité à affronter des challenges et à prendre des risques, l'agilité verbale (rapidité et choix des mots), associée à un grand sens de l'humour. L'intensité favorise la concentration si le sujet intéresse l'individu.

Le revers de la médaille, que dénonce souvent le surdoué en souffrance, se manifeste de diverses façons: surréactions et maladies allergiques, décalage des ressentis qui induit sentiment d'étrangeté, vulnérabilité,

---

1. Méthode basée sur l'interrogation d'experts.

agressions, rejet et anxiété, fatigabilité qui peut déboucher sur le besoin de se rassurer par des petites manies, émotions négatives (colère, frustration, tristesse), asociabilité. Le haut degré d'énergie induit impulsivité et capacité à prendre des risques et est peu apprécié par les autres.

**La complexité relève de la différence qualitative.**

L'attrait pour la complexité est un atout extraordinaire. Il facilite l'intégration, le tri et l'agrégation rapides d'informations très diverses (concepts, faits, images, symboles, intuitions…) pour les placer à un même niveau. Il offre une mémoire exceptionnelle, favorise l'hyperperceptivité et l'intuition, donne une grande faculté d'adaptation, induit intérêts multiples et polyvalence. Il produit au final une personnalité originale dotée d'une réflexion critique, susceptible, à partir de situations complexes, de proposer des solutions aussi simples que créatives et visionnaires.

Le revers de la médaille est un besoin permanent de challenge qui favorise une intransigeance allant bien au-delà de la seule exigence, mais aussi ce que d'aucuns nomment éparpillement. Le fond est préféré à la forme, au risque d'une incompréhension de certaines réalités.

Ce besoin d'être nourri en permanence de nouveautés favorise des personnalités anxieuses, que leur capacité de vision transforme en « Cassandre » peu appréciées de leur entourage. Le *bore out* (la dépression d'ennui) n'est jamais loin, sur fond de dépression existentielle (« Franchement, à quoi sert de vivre quand tout est si vain ? »). Sur fond de rejet social, vision globale et prospective, esprit critique et ennui induisent un fort besoin de justice, mêlé à un arrière-goût permanent de culpabilité.

**La motivation personnelle est propre à chacun.**

Elle aussi parle de différence qualitative. La motivation est différente, singulière, peu rattachée à l'argent ou à la célébrité, mais plutôt inscrite dans le temps. J'évoque parfois la notion de démons personnels et de voix intérieures ; une forme d'énergie qui vient d'on ne sait où, indéfinissable, qu'on ne sait pas traduire en termes d'action, mais qui pousse de l'intérieur et ronge de culpabilité quand on sent que l'on n'est pas à la hauteur de ses propres exigences.

Cette dynamique personnelle du surdoué présente de très nombreux atouts : persévérance et perfectionnisme visant l'excellence, favorisant tout autant la curiosité et l'esprit d'innovation que le besoin de transmission. Elle se traduit aussi par une capacité d'indépendance, pour rester fidèle à ses objectifs, même quand ceux-ci ne sont pas clairement identifiés.

Le revers de la médaille, c'est l'impossibilité d'arrêter – le surdoué est habité par un « ça » qui le ronge, le poursuit en permanence et ne lui laisse aucun repos – et, surtout, le besoin de faire toujours plus, plus loin, mieux. Le regard est fixé sur ce « ça » qui l'oblige à avancer pour valider qu'il avance dans le bon sens (comme il ne sait pas lequel, c'est anxiogène). Le risque est qu'il se déconnecte de certaines réalités et crée un véritable décalage de ressentis avec l'entourage. Et cette force étant impossible à formaliser, il n'est jamais satisfait, toujours très critique de ce qu'il est et de ce qu'il fait, le doute est une seconde nature qui s'accompagne d'un manque de confiance en lui (qui en surprend plus d'un). Son exigence lui impose de ne faire aucune erreur, de ne jamais lâcher prise, jusqu'à générer sa frustration et risquer un burn out.

Pourtant, le surdon ne fait pas tout dans une personnalité. Ce n'est pas un trait de caractère, ni même un trait de personnalité. Il n'existe pas « une personnalité surdouée ».

## Une construction identitaire parfois difficile

Le surdon interagit de la même manière qu'un enfant répond aux demandes de son environnement. Celui qui s'adapte de façon positive est capable d'affronter sainement les événements de sa vie adulte. Il en va différemment de celui qui a adopté des stratégies inadaptées ou qui, tout simplement, a manqué de stratégies.

Terman[1] avait identifié **deux grands groupes différents de stratégie d'adaptation.**

---

1. Lewis Terman a lancé la première des études longitudinales sur 1 500 enfants surdoués suivis tout au long de leur vie : « les Termites ». En 2010, une vingtaine d'entre eux étaient toujours vivants et continuaient à être suivis.

Le premier groupe concerne **les intégrés/conformistes**, enfants nés dans des familles aisées dans lesquelles le surdon est connu, intégré et utilisé au mieux. Il existe souvent, parmi les proches, des figures importantes, des personnalités influentes, parfois même publiques.

Ces jeunes font « évidemment » des études supérieures, en général dans les meilleures écoles, car ils ont bénéficié d'un mentor pour se conformer au cadre scolaire tout en préservant leur personnalité. Ils sont « naturellement » devenus juristes, médecins, professeurs, ou ont suivi un parcours en entreprise sans heurt, voire prestigieux. Leurs amis leur ressemblent (famille, parcours). Ils n'imaginent jamais vraiment être surdoués ou, quand ils le savent, ils imaginent mal qu'un surdoué puisse avoir des difficultés à s'intégrer socialement et professionnellement. Cibles de programmes spéciaux dans les pays anglo-saxons, ce sont eux que l'on retrouve au cœur des études consacrées aux surdoués.

À l'exact opposé du premier groupe, se trouvent **les marginaux**, enfants nés dans des familles d'origine modeste, voire défavorisées, où le besoin de survivre l'emporte. Leur milieu ne les nourrit pas intellectuellement, leurs possibilités d'évolution sociale et professionnelle sont faibles. L'entourage familial ne valorise pas leur parcours scolaire et ils rencontrent des difficultés d'accès à la culture (pas d'inscription dans une bibliothèque, impossibilité de financer un séjour linguistique…). Pour ces enfants, tout est plus difficile.

Adultes, même avec un travail et des amis, on les ressent « bancals », il leur manque quelque chose. Leur appétit intellectuel se manifeste bien sûr aussi, mais sans réelle possibilité de le partager avec d'autres (faute d'environnement adéquat), ni, hélas, de le valoriser (faute d'avoir obtenu le diplôme adéquat). Ce sont des adultes qui mènent en quelque sorte une double vie, mais qui en paient aussi le prix.

Mélanie Bidaut Garnier constate : « *L'adulte à HP (haut potentiel) a parfois un environnement inadapté à ses capacités et particularités. Il occupe un emploi de subalterne, travaille avec peu d'entrain, se sent incompétent, est plus ou moins résigné à son sort, et finalement n'est pas épanoui. Ce non-épanouissement peut se traduire par des addictions, des arrêts de travail répétés, une dépression ou une morosité simple, etc. Ce cas est majoritairement celui de l'adulte qui ne sait pas qu'il est à HP.*[1]*»*

Grady Towers[2] ajoute un troisième schéma d'enfance pour ceux qu'il nomme les «**laissés-pour-compte**»: enfants prodiges victimes des ambitions d'une famille en mal de reconnaissance. Exploités sans ménagement pour leurs talents, ils se révoltent à un moment ou un autre et s'éteignent d'eux-mêmes.

Au-delà de l'environnement matériel et social, comme pour tout un chacun, il faut prendre en compte l'environnement affectif et l'histoire traumatique. Bénéficier d'une vie équilibrée, avoir des parents et un entourage bienveillants, échapper à des traumatismes qui peuvent venir massacrer une enfance (surtout quand ils ne sont pas traités), être en bonne santé, être motivé, avoir une bonne estime de soi…, sont des facteurs importants de la performance. C'est ce que souligne l'universitaire et psychologue canadien Françoys Gagné, avec son modèle intitulé «Du don au talent»[3], selon lequel l'intelligence seule n'est pas prédictive du succès à l'âge adulte. Gagné n'exclut pas non plus le facteur chance parmi les facteurs d'évolution du don en talent.

Une étude menée en 2008 sur les 100 «Termites»[4] qui avaient le mieux performé et les 100 qui avaient le moins bien performé dans leur vie, montra d'ailleurs combien l'environnement familial (le soutien apporté) avait été déterminant pour la performance des premiers.

À l'âge adulte, le surdon s'est donc, ou non, correctement épanoui, pour le plus grand bonheur ou, au contraire, pour la plus grande désespérance de son propriétaire…

---

1. Facilement téléchargeable sur Internet: «Personnes à haut potentiel: les aider à utiliser leur potentiel et à ne pas en souffrir», Médecine générale et prévention de la psychopathologie des personnes à haut potentiel, Mélanie Bidaut Garnier, 30 janvier 2008, DCEM3, 5e année de médecine, UFR médecine Reims.
2. Membre de la Mega Society, qui regroupe des personnes dont le QI se retrouve chez une personne sur un million.
3. Modèle «Du don au talent», 2003, révisé 2009.
4. *Cf.* note de la page 19.

Mary Elaine Jacobsen a constaté que, selon l'attitude de chacun à l'égard de la vie (croyances, estime de soi, handicaps...), et donc suivant la stratégie sociale adoptée et les compétences développées, les « traits ombrelles » se retrouvent dans trois types de comportement : « équilibré », « exagéré » ou « effondré » (« comportement plongeant ») :

- **équilibré** quand l'individu surdoué se distingue par son charisme, ses relations chaleureuses, sa créativité et, plus généralement, par une confiance en soi qui lui permet beaucoup d'accomplissements ;
- **exagéré** pour la personnalité qui dissimule ses angoisses et son inadaptation sociale en développant un grand sens de la manipulation, caché sous un masque d'agitation caustique (parfois même très disqualifiant) ;
- **effondré** pour une personne aussi passive que râleuse, aigrie, pessimiste, négative, renfermée..., et ce, excessivement et avec un talent tel que cela doit éveiller l'attention ; il s'agit peut-être d'un surdoué qui a depuis longtemps été nié dans son être, ses besoins et ses rêves.

Le plus triste, c'est que l'inadaptation sociale et le mal-être des personnalités « effondrée » et « exagérée » les conduisent très souvent à se réfugier dans le monde de la pensée et de la réflexion, et les rendent incapables de passer à l'action qui les terrifie (volonté plus ou moins bien conscientisée de se conformer, peur d'être jugé qui renvoie à la douleur/honte du rejet, perfectionnisme paralysant...).

On le savait déjà, mais il vaut mieux le rappeler : il ne suffit pas d'être intelligent pour réussir dans la vie. Il semble d'ailleurs que 20 % environ d'un résultat de test de QI dépendraient de l'estime que l'on a de soi et de traits de personnalité, tels que névrose, extraversion ou encore ouverture d'esprit, qui sont par ailleurs passés au crible des tests de personnalité en entreprise[1].

---

1. Denis Bratko & al., "Cognitive ability, self assessed intelligence and personality. Common genetics but independant environmental aetiologies", *Science Direct – Intelligence,* Vol 40, Issue 2, March-April 2012, Pages 91-99.

## Une estime de soi à géométrie très variable

L'enfance passe vite, mais laisse des traces indélébiles.

Tous les chercheurs s'accordent à dire que l'estime de soi est fortement liée au comportement d'attachement[1] et qu'elle est corrélée à la conscience de soi, au perfectionnisme (sain ou pathologique suivant la nature de l'attachement) et donc à la santé mentale. Ainsi, «l'impuissance apprise[2]», qui a un impact sur la construction des fonctions neurales et rend l'enfant plus facilement introverti, anxieux et défaitiste[3], vient d'un mauvais attachement. Cela n'empêche pas de futurs succès scolaires ou professionnels, mais il en restera toujours une fragilité qui peut se caractériser par de l'agressivité, de la tyrannie, de la jalousie et une vie sociale pauvre.

L'estime de soi a un impact sur le développement personnel: on ose ou pas, on prend des risques ou pas, on s'affirme ou pas... On en est moins curieux, plus passif, ou au contraire plus persévérant, plus entreprenant. La critique démolit tout espoir ou renforce la détermination. Toute la différence est là, entre un surdoué sous-performant et un surdoué qui se réalise à la hauteur de son potentiel.

*«On ne peut pas se penser intelligent quand on mesure ses propres faiblesses avec la lucidité aiguë du surdoué, qui ne lui permet aucun aveuglement»*, dit Arielle Adda[4] qui évoque l'«inaccessible idéal du moi». C'est avec ce regard critique permanent sur lui-même que grandit un surdoué. Un facteur à prendre en compte pour expliquer les stratégies élaborées dans l'enfance et déployées à l'âge adulte.

---

1. Pour connaître un développement social et émotionnel normal, un jeune enfant a besoin de développer une relation d'attachement avec au moins une personne qui prend soin de lui de façon cohérente et continue (Wikipédia). Ainsi, peut-on mieux comprendre le malheur/bonheur transgénérationnel que les neurosciences confirment.

2. Développée par le psychologue comportementaliste Martin Seligman, elle est aussi appelée «résignation apprise». C'est un état proche du renoncement et de la dépression, induit chez un individu qui fait l'expérience d'échecs successifs dus à des situations sur lesquelles il n'a aucune prise.

3. Seligman, *Learned Optimism*, Vintage, 2006.

4. Arielle Adda est une psychologue française qui œuvre depuis 40 ans pour une meilleure connaissance et prise en compte des enfants surdoués. Elle est l'auteur de nombreux livres et articles sur le sujet.

Terman et Hollingworth[1] avaient identifié que ce sont les extrêmement doués qui sont les plus à risque. Hors norme, ils cherchent à être comme tout le monde et ont en même temps une projection très élevée de ce qu'ils devraient être et faire dans l'idéal, pour arriver à la triste conscience qu'ils n'atteindront jamais cet idéal. Autrement dit, ils s'infligent une pression à exceller que bien peu s'infligent, voire conçoivent. Cette pression est d'autant plus violente que la différence est grande entre la situation (matérielle ou psychique) dans laquelle ils se trouvent et celle qui « devrait » être ; surtout quand l'entourage (famille, pairs, professeurs) ne nourrit pas, ne comprend pas, n'est pas en capacité de soutenir ou, pire, critique et condamne les aspirations de ceux qui veulent aller plus loin, plus haut et faire mieux.

Avec une image d'eux-mêmes aussi dépréciée, certains renoncent et c'est l'effondrement, le marasme, une automutilation volontaire de la pensée (tendance dépressive permanente, qui résiste à tous les traitements), l'oubli par tous les moyens (de l'addiction jusqu'au suicide). D'autres courront après la reconnaissance, multipliant les tentatives pour faire du grandiose, pour marquer les esprits…, tentatives souvent vouées à l'échec car l'estime de soi n'est pas au rendez-vous.

Les études montrent que les filles s'adaptent et s'accommodent apparemment mieux que les garçons de ce décalage entre réalité et idéal du moi. Je crains que la permanence des rôles sociaux n'y soit pour quelque chose. « *Ce ne sont que des filles* », constatait Mary Rocamora[2] avec une triste ironie en évoquant que les filles s'autolimitaient volontairement à l'école, à en perdre des points de QI au cours de leur scolarité.

Les filles cherchent le moins possible à se faire remarquer, savent qu'il est risqué d'être hors norme (en d'autres termes, de se montrer supérieures aux hommes). Il apparaît clairement qu'elles ont une moins haute opinion

---

1. Letta Stetter Hollingworth, psychologue américaine du début du XXᵉ siècle, fut une pionnière en matière de psychologie clinique, psychologie de l'éducation, psychologie des femmes et psychologie des enfants qualifiés de « hautement surdoués ».
2. Psychologue américaine, connue pour ses articles et son travail d'accompagnement des surdoués.

d'elles-mêmes que les garçons dans les études qu'elles choisissent et la valeur qu'elles leur accordent, quand elles ne considèrent pas le fait d'être surdouées comme une forme de handicap social.

## Une place difficile à trouver

Quand une personne surdouée ne sait pas (ou ne comprend pas) en quoi elle est différente, elle ne comprend pas pourquoi elle n'arrive pas à entrer dans la norme et finit par se considérer comme anormale, vision pathologisée de ce qui est simplement hors norme. C'est tout particulièrement vrai à l'adolescence, âge pivot au cours duquel le besoin d'appartenance est si fort et où l'on se pose tant de questions sur ce que l'on est, ce à quoi l'on croit, ce que l'on va devenir.

Dans un monde qui favorise la standardisation, la singularité surprend et dérange. Dans un monde qui favorise une certaine pensée unique, l'indépendance d'esprit heurte. Certains surdoués grandissent alors avec le sentiment envahissant d'être perçus comme excessifs, comme étant toujours « trop » par rapport à une « norme » définie par les habitudes du groupe dominant.

Qu'il est difficile de faire face à des critiques qui ne portent pas sur ce qu'ils font mais sur ce qu'ils sont, à une remise en cause de leur raison d'exister (la fameuse phrase « Pour qui vous prenez-vous ? » et ses différentes déclinaisons). Et c'est d'autant plus difficile qu'ils ont par ailleurs tendance à se remettre en cause très facilement : la remarque « mauvais travail » est entendue comme « Tu es nul(le) ».

Dans la grande majorité des cas, persuadé que tout le monde peut faire la même chose que ce qu'il fait si naturellement, un surdoué ne voit rien de hors norme chez lui. En revanche, conscient de ses lacunes, il est toujours très admiratif de ce que les autres savent faire et que lui ignore.

Il faut donc que le surdoué comprenne ce qui fait sa différence pour arrêter de penser que tout le monde fonctionne comme lui et arrêter, aussi, de culpabiliser de se sentir si différent des autres – comme il fait les choses « normalement » (naturellement), il lui est vraiment très difficile d'arriver à se représenter en quoi il est différent de la « norme ». S'ensuivent des réactions d'irritation, d'incompréhension, un décalage dans le tempo, dans les intérêts…, le surdoué en arrive à ne plus savoir sur quel pied danser et, après un temps incommensurable passé à tenter en vain de se mettre au diapason, la tentation est grande pour lui de renoncer à chercher à s'adapter encore et encore.

Le surdoué grandit avec un sentiment envahissant d'être perçu comme celui qui a ou est toujours « trop » par rapport à une « norme » définie par les habitudes du groupe dominant. Dès lors, revient de façon récurrente la question de savoir s'il a vraiment une place dans la société dans laquelle il vit, avec un tel sentiment d'isolement et une telle souffrance, que les conséquences en sont parfois terribles (addiction, dépression, suicide).

**❬❬** S'entendre dire qu'on est inapte… on ne vaut pas mieux qu'un outil cassé qu'on jette à la benne. J'étais inapte avec ma cervelle, et quelques années plus tard, à nouveau inapte, avec mes bras et mes mains. **❭❭**

Inode

Être surdoué n'est vraiment pas une vue de l'esprit. C'est un ensemble de mécanismes neurophysiologiques qui conduisent à un certain mode de fonctionnement, plus ou moins marqué. Ainsi, il n'existe pas un seul type de surdoué, d'autant que l'intelligence logico-mathématique qui fonde les tests à l'origine de l'identification des surdoués n'est qu'une intelligence parmi d'autres.

## LE SURDON N'EST PAS UNE VUE DE L'ESPRIT

Au XX$^e$ siècle, le développement des sciences et la bipolarisation politique du monde ont accru l'intérêt porté aux performances exceptionnelles. Dès l'année 1920, des recherches approfondies sont entamées en Union Soviétique, de même qu'aux États-Unis où Lewis Terman commence à étudier ses fameux « Termites » (parmi eux, l'écrivain Ray Bradbury).

Dans les années quatre-vingt-dix, le développement de l'imagerie médicale et des neurosciences a permis des progrès immenses dans la compréhension des mécanismes à l'œuvre à l'intérieur du cerveau. La recherche a tranché : le surdon est une réalité et il existe une grande variété de profils de surdoués ; ce qui rend bien difficile la compréhension du phénomène, surtout pour un public avide de connaissances acquises en moins de 90 secondes.

## Une réalité neurophysiologique

Que dit la recherche ? Analyse de coupes du cerveau au binoculaire, IRM, EEG, scintigraphie…, depuis que le cerveau des surdoués est étudié, les preuves sont là : cerveau dont l'architecture de certaines parties diffère et qui ne fonctionne pas de la même façon que celui des autres.

Les principales caractéristiques constatées sont celles-ci :

- Il existe jusqu'à deux fois plus de neurones dans certaines parties des cortex frontal et pariétal (la matière grise), ce qui facilite la capacité d'acquisition de l'information.
- La myéline (matière blanche qui gaine les axones et joue un rôle essentiel dans la transmission de l'information entre neurones) est plus dense (plus de neurones), et plus rapidement déployée (myélinisation des axones). Elle permet, plus tôt, une plus grande rapidité de transmission, de traitement et de mise en mémoire des informations.
- Il y a hypertrophie du cerveau droit, celui qui favorise les talents musicaux, mathématiques, spatiaux…, et le mysticisme.
- On observe des dérèglements plus fréquents dans le cerveau gauche, siège du langage, ce qui favorise l'apparition de troubles d'apprentissage (tous les « dys »).
- On constate le recours à des aires différentes du cerveau lors du traitement de certaines tâches (calcul, lecture) par rapport au reste de la population.

- La consommation d'énergie est moindre lors de la réalisation de ces tâches, avec une activité des ondes alpha[1] très caractéristique.
- Le surdon est largement hérité (inné), même s'il apparaît que l'histoire du sujet, son acquis, revêt une importance de premier ordre dans l'épanouissement du surdon : comme d'habitude, mieux vaut être bien portant et bénéficier d'un environnement aisé et porteur, que malade ou handicapé, accablé par les soucis et pauvre.

Il va sans dire que ces résultats sont valables, quels que soient la race, le sexe, mais aussi l'origine géographique ou sociale du surdoué.

Ces caractéristiques cérébrales expliquent le décalage qui se forme et s'amplifie avec le temps, bien avant la naissance, entre un enfant surdoué et les autres enfants du même âge non concernés par le surdon. L'enfant qui marche, parle ou encore lit plus tôt, acquiert des informations et des expériences en plus grand nombre. Ces expériences s'accumulent dans sa mémoire, s'imbriquent et tissent des liens entre elles, permettant la réflexion et la création de nouvelles idées. La dyssynchronie du surdoué avec ses pairs du même âge vient de ce développement en décalé.

## Pour mémoire, l'origine du test de QI et son utilité

Ce test a été inventé par Alfred Binet il y a plus d'un siècle. Le début du XXe siècle correspond à l'expansion de la révolution industrielle, qui recourt massivement à l'utilisation de machines. Construit sur un référentiel logico-mathématique adapté aux attentes de productivité du modèle économique en cours, ce test était destiné à aider l'Éducation nationale à identifier les enfants qui éprouvaient des difficultés, afin de mieux les soutenir dans leurs apprentissages scolaires. Or, plus encore que les enfants qui étaient en retard, ce sont les enfants « plus », ceux qui étaient en avance sur leur classe d'âge, qui ont été remarqués. Société productiviste oblige, qui préférait fantasmer sur les plus performants, donc les plus rentables, plutôt que de s'attarder sur les moins performants !

---

1. Les ondes alpha, principalement émises lorsque le sujet a les yeux fermés, caractérisent un état de conscience apaisé.

## À savoir

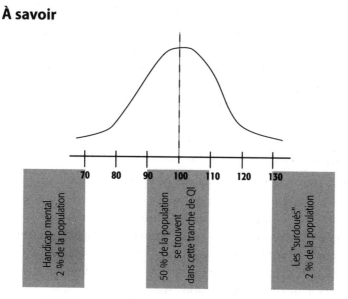

*Statistiquement, 2 personnes sur 100 sont surdouées.*

Le mode de calcul du quotient intellectuel (QI) est établi à partir d'un échantillon d'enfants du même âge qui savent répondre aux mêmes questions, résoudre le même type de problème. Questions et problèmes évoluent avec chaque tranche d'âge. Un enfant de 8 ans sachant répondre aux questions ou résoudre les problèmes de la tranche d'âge de 10 ans a donc un QI de 10/8 = 1,25 = 125 % du quotient intellectuel de sa classe d'âge…, d'où un QI de 125.

Pour chaque tranche d'âge étudiée, on observe une répartition assez régulière des niveaux de QI de part et d'autre d'une courbe de distribution en cloche : par rapport à une moyenne au milieu, à gauche les plus déficients intellectuellement, à droite les plus efficients.

C'est à partir d'un quotient intellectuel de 130 qu'une personne peut être identifiée comme surdouée. Ce chiffre correspond à une différence de deux écarts types par rapport à une moyenne constatée.

La boutade d'Alfred Binet, « *L'intelligence? C'est ce que mesurent mes tests!* », doit rappeler les limites des tests.

D'abord, la prise en compte de l'anamnèse – c'est-à-dire l'histoire du sujet et de son développement psychique et moteur – est fondamentale. On peut avoir un QI de plus de 130 avec une moyenne de 14-15 à tous les subtests, et pourtant ne pas être surdoué. C'est typiquement le cas de ceux qui, intellectuellement performants, sont particulièrement adaptés au système scolaire. Ensuite, l'effet plafond complique l'évaluation correcte du potentiel cognitif: le test est trop simple, les capacités réelles de certains surdoués vont bien au-delà du plafond défini par le test.

Les tests ne prennent pas non plus en compte l'état de santé ou l'humeur, pas plus que l'hypersensibilité ou, plus grave encore, l'existence d'un handicap. Par exemple, un sourd sera évalué comme s'il entendait normalement, la dyslexie – handicap invisible avec défaut d'encodage des informations qui a un impact sur la lecture, la mémorisation et l'orthographe – ne sera pas retenue, pas plus que le handicap de la maîtrise de la langue pour les personnes issues d'une immigration récente.

En résumé, un test d'intelligence ne sait pas évaluer de façon correcte un surdoué « dys », hypersensible, hyperémotif, dépressif et/ou assommé par des médicaments; cela explique l'importance fondamentale de recourir à un thérapeute connaissant bien le surdon pour la passation de ces tests. Enfin, seule l'intelligence logico-mathématique, typique d'une certaine culture occidentale est mise à l'honneur dans l'évaluation de l'intelligence.

## Les intelligences multiples de Gardner

Howard Gardner, professeur de psychologie à Harvard, a constaté que ses patients cérébro-lésés étaient capables d'effectuer certaines tâches, bien que privés de la partie du cerveau qui «commandait» cette tâche. Pour lui[1], « *Le résultat chiffré d'un test n'indique rien de plus que le nombre de questions auxquelles il a été correctement répondu; mais, souvent, on peut*

---

1. Entretien avec Howard Gardner, *La Recherche* n° 337, décembre 2000, page 109.

*en apprendre beaucoup plus en observant la manière dont le sujet aborde une question ou un sous-ensemble de questions du test.* »

À côté de l'intelligence logico-mathématique que notre société valorise tant, Howard Gardner a identifié d'autres formes spécifiques d'intelligence : linguistique, musicale, spatiale, corporelle, interpersonnelle et intrapersonnelle, chacune faisant intervenir plusieurs régions cérébrales. En 1983, il en tire une « Théorie des intelligences multiples », qui va ébranler la toute-puissance des tests de QI. Selon cette théorie, si tout le monde dispose de toutes ces intelligences, chacun n'en développe au mieux que deux, quand les surdoués peuvent atteindre des niveaux élevés de maîtrise dans plusieurs d'entre elles.

Laquelle de ces intelligences mettre au sommet ? Tout dépend de la culture dans laquelle on évolue ! L'enseignement scolaire s'est développé en même temps que la révolution industrielle, pour produire à la chaîne des intelligences adaptées aux besoins de la mécanique économique. C'est pourquoi l'intelligence logico-mathématique fut largement privilégiée, et c'est ainsi que les polymathes de la Renaissance ou du Siècle des Lumières ont été remplacés en entreprise par des spécialistes experts en un seul domaine. Et ce, au risque d'un appauvrissement intellectuel.

## Le surdon, une différence qui s'inscrit dans un continuum

Comme le rappelle le site « Le cerveau à tous les niveaux » de l'Université Mc Gill[1], chaque cerveau est unique : « *[...] Si tous les cerveaux ont les mêmes grandes structures cérébrales, la taille et la forme de ces structures peuvent varier de plusieurs millimètres d'un individu à l'autre. Exactement comme le fait qu'on a tous cinq doigts dans une main, mais que nos mains sont toutes différentes. [...] Avec les cartographies fonctionnelles des fonctions cérébrales normalisées pour la taille des différents cerveaux, on obtient un cerveau de référence mais un qui ne correspond à aucun cerveau d'un individu en particulier.* »

---

1. http://lecerveau.mcgill.ca/

Contrairement à la pensée couramment exprimée, il n'y a donc pas un bloc homogène de « surdoués » d'un côté, et de « normaux pensants » de l'autre.

Grosso modo, 70 % de la population se retrouvent avoir un QI inscrit entre 85 et 115 (+/- un écart type de +/- 15 par rapport à 100), et 95 % se retrouvent avoir entre 70 et 130 (+/- deux écarts types de +/- 30 par rapport à 100). Ainsi, quand le retard mental commence à deux écarts types au-dessous de la moyenne (QI = 70), le surdon commence à deux écarts-types au-dessus de la moyenne (QI = 130).

Il faut néanmoins signaler qu'il ne s'agit ici que d'une loi de distribution statistique, c'est-à-dire purement théorique : on se réfère à quelque chose, même si c'est inexact, car on a difficilement mieux. Les classements mettent juste en lumière la rareté statistique de fonctionnements vraiment différents et doivent faire prendre conscience que le surdon s'inscrit dans un continuum.

À partir d'un « certain point » (plus de 140), on constate que les individus abordent les sujets d'une façon qui n'est plus « normale » (au sens de « comme tout le monde »)[1]. Plus l'intelligence mesurée est élevée, plus grande est la capacité à distinguer les informations pertinentes de toutes natures, grâce à une acquisition, un traitement et un stockage des informations plus importants et plus rapides.

Si la communication est difficile entre une personne d'intelligence statistiquement moyenne (QI de 100) et une personne dont l'intelligence est moindre (QI de 70, signe de retard mental), il en est de même entre une personne au QI mesuré de 160 et quelqu'un ayant « juste » 130. Alors, imaginez le décalage entre le propriétaire d'un QI de 160 et une personne dont le QI est de 100 !

Là est la cause de l'isolement social si fréquemment ressenti par les extrêmement doués : plus élevé est le QI, plus grande est la pression de la solitude, tant il est difficile de trouver des pairs avec lesquels échanger et partager sans effort, tant le manque d'interaction sociale peut faire souffrir.

Il n'y a pas de fierté particulière à être intelligent, quand ce sont avant tout les interactions sociales qui comptent, lesquelles commencent dès l'école.

---

1. Cette façon différente de raisonner se voit grâce à l'imagerie médicale.

## Prélude au monde du travail : la sélection par l'école

Le parcours scolaire est une étape marquante dans la construction de la personnalité d'un surdoué à plus d'un titre. L'enfant surdoué doit d'abord se couler dans des méthodes scolaires d'apprentissage. Ensuite, l'école devient le premier lieu de sa socialisation : ses expériences d'intégration ou de rejet vont le marquer à vie.

Dans la capacité de l'enfant à performer, et donc à préparer une insertion professionnelle à la hauteur de son potentiel, le soutien de sa famille joue un grand rôle. Ce soutien n'est pas forcément le seul fait de familles aisées et exigeantes envers l'école, qu'elles obligent à plier devant leurs attentes. Toute famille qui procure à un enfant un cadre établi, des repères et un fort sentiment d'appartenance – et ce, quel que soit son niveau d'aisance matérielle – offre un viatique irremplaçable à l'enfant. C'est particulièrement vrai pour un enfant surdoué, compte tenu de l'impact de l'intensité des émotions ressenties tout au long de sa construction.

Néanmoins, parce que le surdon est souvent associé à de l'élitisme, qui va à l'encontre de la grande tradition républicaine d'égalité, l'école ignore l'importance de l'équité de traitement. Cette vision égalitaire néglige complètement les enfants issus de milieux défavorisés, qui manquent de moyens ou tout simplement d'informations pour nourrir, comme il devrait l'être, le potentiel de leurs enfants (voyages à l'étranger, accès à la culture, mentor, opportunité d'accès à certaines filières d'excellence).

### La roche tarpéienne de l'école

Il arrive qu'un enfant surdoué ne se fasse pas particulièrement remarquer avant l'école. Il apprend à lire et à écrire au même âge que les autres. C'est sa façon de réfléchir qui est différente. Les professeurs le constatent et l'acceptent, ou pas.

L'école est là pour préparer les enfants à s'insérer dans le monde, dont celui du travail. Elle enseigne des savoirs et le respect de la discipline de groupe. Le principe égalitaire de l'école est d'enseigner au même rythme la même chose à tout le monde. Cet enseignement égalitaire rogne les ailes de l'enfant qui comprend très vite et dont la capacité à faire des liens entre différents domaines porte plus loin que l'enseignement dispensé en classe, ce qui est le cas de l'enfant surdoué.

Il existe une différence fondamentale entre aimer apprendre et aimer l'école. Pour un enfant surdoué, aller à l'école le dégoûte parfois d'apprendre, tant il lui est difficile de s'adapter. Et cela va durer au moins 10 ans (de 6 à 16 ans), autant dire une éternité! C'est le berceau de la sous-performance.

L'enfant qui a pu sauter une à deux classes a plus de chances d'être mieux loti dans sa vie professionnelle future, en particulier grâce à une meilleure estime de lui-même, et aussi parce qu'il a appris à faire des efforts. Tandis que beaucoup de ceux qui n'ont pu bénéficier de ce saut de classe en ont souffert, signale l'Australienne Miraca Gross[1]. Pour elle, tous se souviennent d'avoir appris l'art du camouflage pour survivre.

Les vrais problèmes de l'enfant surdoué commencent quand il « en montre trop » : le système scolaire va vouloir, toujours au nom du principe d'égalité, couper ce qui dépasse, formater à grand coup de punitions et de contraintes ; c'est ce que l'on nomme le *Tall Poppy syndrom*, le syndrome du coquelicot plus grand que les autres, dont la traduction française est « Pas une tête qui dépasse, tout le monde au même pas ». Et ce, avec parfois la meilleure volonté du monde : « C'est pour le bien de l'enfant, plus tard », dira, en toute bonne foi, le professeur consciencieux.

Un enfant d'intelligence moyenne et bien dans ses baskets comprend et intègre facilement les règles du jeu scolaire, en s'appuyant sur les relations de groupe. L'enfant sociable surfe sur ses facilités, est abonné au « peut mieux faire » et, doté d'une famille et d'une vie sans histoires, effectue des études supérieures sans efforts déraisonnables. Les compétences sociales acquises lui facilitent l'entrée dans la vie professionnelle où il peut s'épanouir avec efficacité.

---

1. Professeur spécialisé en sciences de l'éducation pour les enfants doués et Directeur de recherche à l'université de Nouvelle-Galles du Sud.

Il en va autrement de l'enfant doté d'une intelligence élevée qui s'ennuie à mourir à l'école. Saisissant tout très vite, il s'interroge : « Mais pourquoi la maîtresse répète-t-elle pendant une heure ce que j'ai compris immédiatement ? » Sa pensée flotte, son attention est distraite par autre chose, le professeur l'interroge par surprise et, comme il n'a pas suivi, il est puni à écrire 150 fois « Je dois écouter le maître quand il parle ». Se détournant de l'objectif initial qui est de le faire réfléchir sur sa faute, il optimise la punition : « je je je… dois dois dois… ».

Les évaluations de l'enfant surdoué sont fondées sur des critères qu'il ne comprend pas, les exercices proposés ne lui offrent aucun défi, tout va trop lentement… Il conclut vite que l'école ne sert à rien, ne s'y investit plus, tire dessus un trait définitif. L'école étant obligatoire jusqu'à 16 ans, il va y cumuler colles à répétition, renvois, fugues, changements d'établissement… Pas de quoi se préparer une vie d'adulte stable et fructueuse ! C'est seulement après la licence (s'il parvient à ce niveau), qu'il commence à sentir que son cerveau tourne enfin sans (trop de) contraintes.

Il existe aussi d'autres raisons pour lesquelles l'enfant surdoué peut s'« éteindre » de façon surprenante :

- **Le handicap.** Physique ou cognitif (dys), celui-ci est (évidemment à tort) souvent associé à un retard mental et revêt un impact négatif très fort sur la poursuite d'études et une insertion professionnelle à la hauteur du potentiel. Et pour compliquer singulièrement la donne, surdon et handicap se masquent mutuellement : l'intelligence permet de compenser le handicap, et le handicap obère l'expression de l'intelligence.

  En France, le système éducatif n'est pas vraiment organisé pour les étudiants handicapés : ils sont 114 500 au premier degré, 60 200 au second, mais plus que 12 050 en études supérieures. La très grande majorité s'arrête en licence[1] et, parmi eux, à coup sûr se trouvent quelques élèves surdoués qui « feront avec », alors que leur intelligence réelle leur aurait sans nul doute donné l'opportunité de faire mieux.

---

1. Conseil national du handicap, Livre blanc, 2012.

- **Les difficultés de l'enfant** lui-même, **l'environnement familial** (famille dysfonctionnelle, attentes très élevées en matière de résultats scolaires…). Chez le surdoué, l'intensité et la portée de ses réflexions vont bien au-delà de la moyenne. Son hypersensibilité lui fait courir le risque de surréactions préjudiciables.

  Une difficulté propre au surdoué vient d'un perfectionnisme qui peut être paralysant. Là encore, un lien a été fait entre attachement déficient et perfectionnisme pathologique, celui qui empêche de faire, par peur de l'échec, ressenti comme atteinte personnelle insupportable.

  Chez l'enfant issu d'une famille défavorisée, le manque de modèle peut l'empêcher de réaliser au mieux son potentiel : manque de soutien pour continuer ses études, manque d'argent pour participer à certaines activités ou envisager des études longues.

- **Le manque d'autodiscipline et de stratégies d'apprentissage.** Ce don de tout capter et de mémoriser si facilement conduit le surdoué à ne pas développer une grande capacité d'attention, et c'est encore pire quand il lui faut apprendre par cœur sans chercher à comprendre. Sans aucun défi réel, le plaisir trompeur de la paresse lui permet de rêvasser sans fin. Apparaissent alors les « manque de méthode » et « peut mieux faire » sur ses bulletins scolaires, remarques dont l'enfant surdoué ne sait que faire. Lui font effectivement défaut les stratégies et les cadres nécessaires qui le pousseraient à trouver de l'intérêt à faire des efforts, sauf pour ce qui l'intéresse vraiment et qui ne relève pas toujours de l'école.

  L'inconvénient de ce manque d'apprentissage de l'effort est qu'il commence très tôt et induit des performances médiocres au long cours, qui vont avoir un impact sur le dossier scolaire de l'enfant (barrage vers des études sélectives) et sur son estime personnelle : à la longue, l'enfant installé dans un cursus bancal, dont il ne sait plus comment sortir, perd confiance, craint de prendre des risques ou, simplement, de faire des erreurs. Cette médiocrité s'accompagne parfois, particulièrement chez les garçons et les plus créatifs, de réactions de rébellion, de recours à une addiction pour tenter d'apaiser une angoisse sourde mais devenue permanente, voire d'abandon pur et simple de l'école. Bien sûr, cette médiocrité peut laisser la place, plus tard, quand l'enseignement lui convient mieux, à de très belles performances. Pourtant, le mal est fait, la confiance en lui est écornée.

- **Les relations sociales au sein de l'école.** Sans même parler des remarques disqualifiantes émises par des professeurs convaincus de leur mission, il faut évoquer les relations de l'enfant avec ses pairs. La petite société des enfants est très cruelle pour qui est différent : isolement de celui dont l'intelligence est extrêmement élevée, qui se rend vite compte de l'impossible partage de ses centres d'intérêt, ostracisme envers celui qui est trop performant... L'école a installé un sentiment chronique d'isolement qui le rend, malgré lui, vigilant ou craintif en société.

- **Le harcèlement.** Il apprend l'impuissance, car il est difficile de s'en ouvrir aux professeurs ou aux parents qui, en toute bonne conscience, le minimisent – « Tu as mal compris », « Fais l'effort de... », « Ne t'en occupe pas », « N'y prête pas attention » – ou ne voient rien parce que l'enfant, voulant les préserver, se tait et préfère endurer.

Le harcèlement fait partie du bagage de la construction identitaire d'un surdoué, et les sentiments de honte et de culpabilité associés au rejet et à l'isolement pèseront à vie sur lui : il deviendra un adulte embarrassé par une image de lui dépréciée par les multiples critiques et rebuffades. Pas de quoi se lancer avec confiance dans une carrière professionnelle à la hauteur de son potentiel réel... Dans l'entreprise, la rencontre avec un « petit chef » qui le percevra comme ingérable rejouera ces scènes de cours d'école.

Cependant, tous les surdoués ne sont pas victimes d'isolement et de harcèlement. Certains surdoués sont de vrais chefs de bande, et les études montrent qu'ils sont même parfaitement capables d'être des harceleurs.

**«** À l'école, j'étais une marginale. Qu'à cela ne tienne, je vais le rester. **»**

Solange

## Des résultats d'études convergents

Un tiers des enfants surdoués réussit brillamment ses études, un tiers s'en sort sans éclat, le reste est en échec scolaire[1]. Largement diffusés, ces chiffres issus d'une enquête 2005 de l'AFEP[2] ont été établis d'après les réponses d'une centaine de familles. Ils recoupent une étude relatée dans le *Quotidien du Médecin* du 22 février 1999 menée auprès de 145 surdoués suivis sur une période de 10 à 20 ans : « *40 % ont atteint ou dépassé le niveau Bac + 2, 9 % se sont arrêtés au Bac et 43 % ont un BEP ou un CAP.* »

Un bon statisticien sourirait en considérant les échantillons sur lesquels repose cette rumeur qui est bien ancrée. Pourtant, il faut considérer que ces ordres de grandeur ont une vraie raison d'être et que ces échantillons, si petits soient-ils, sont plutôt représentatifs.

Une demi-douzaine d'études universitaires menées aux États-Unis révèle des ordres de grandeur similaires. L'une estime en 1993 que 15 à 40 % des étudiants surdoués courent le risque de l'échec scolaire ou de ne pas performer à leur juste potentiel. Une autre estime, en 1995, que 10 à 20 % de ceux qui sortent de l'école sans le Bac sont surdoués[3]. En 2008, le Centre américain pour une amélioration globale et en profondeur de l'école indique que 18 à 25 % des élèves en échec scolaire sont surdoués.

Là encore, la notion d'estimation est bien mise en avant : dès lors que l'on ne sait pas exactement identifier un enfant surdoué (un test de QI n'est pas totalement fiable), on ne peut, à partir de ce qui est constaté, que tirer des estimations et non des statistiques fiables.

Pour éclairer ce propos, je vous renvoie à la célèbre conférence du Docteur Alain Gauvrit, « Le complexe de l'albatros », qui a étudié des enfants admis

---

1. En 2012, le ministère de l'Éducation nationale évaluait le taux d'échec scolaire (personnes ne possédant ni CAP, ni BEP, ni Bac et, au mieux, titulaires du Brevet) à 17 %.
2. Association Française des Enfants Précoces.
3. Seeley, K. (1993). *"Gifted students at risk"*. In L. Silverman (Ed.), *Counseling the gifted and talented* (pp. 263-276). Denver: Love Publishing.
   Rimm, S. (1995). *Why bright kids get poor grades: And what you can do about it*. New York: Three Rivers Press.

en institut pour retard mental et dont 25 % se sont avérés être hautement surdoués, mais en profonde inhibition intellectuelle[1]...

Malgré le flou statistique, toutes les études concordent : l'intelligence ne fait pas le bonheur et ne garantit en rien le succès scolaire, ni une bonne insertion sociale.

La construction identitaire induite par la famille et l'école va donc créer deux grands types de populations surdouées :

- **Des surdoués équilibrés** : brillants, réussissant tout ce qu'ils touchent, ils ont appris des stratégies pour s'adapter aux contraintes sociales, se savent maîtres de leur destin et mettent en œuvre ce qu'il faut pour atteindre leurs objectifs. Le challenge a tendance à les booster, ils adorent le travail bien fait, le frisson de l'effort qui fait gagner. Leur vie sociale est à la hauteur de leur intelligence. Bourreaux de travail, ils savent se préserver, et l'énergie dégagée par leur travail et leur insertion sociale génèrent en eux une motivation en permanence renouvelée.

- **Des surdoués en mode survie** : ayant peu confiance en eux, au point de se sentir vraiment inférieurs aux autres, ils manquent de persévérance, d'autant plus qu'ils n'arrivent pas à se fixer d'objectifs. La peur de l'échec les taraude, sous-tendue par un perfectionnisme paralysant qui leur fait d'abord voir dans toute opportunité d'évolution ce qui pourrait les faire échouer !

  Ce mode survie les épuise, les rend plus agressifs qu'ils ne le voudraient, eux qui savent qu'ils sont de vrais gentils. Mais voilà, la vie se charge de leur couper les ailes. Voir ce qu'ils sont, ont et font, quand ils savent ce qu'ils auraient pu être, avoir et faire, soulève en eux une immense vague d'amertume dont ils tentent de s'échapper dans de vraies addictions ou des occupations qui les assomment. La motivation ? Difficile d'en avoir quand on est en permanence

---

1. « Le complexe de l'albatros - L'inhibition intellectuelle chez l'enfant intellectuellement précoce - Se défendre ou s'interdire ? », avril 2001, communication présentée à la conférence-débat organisée par le GARSEP (Groupement académique de recherche scientifique sur les enfants précoces).

épuisé et persuadé que, de toute façon, cela n'en vaut pas la peine et que l'on n'aboutira à rien.

Beaucoup ne sont pas vraiment en échec, mais vivent avec le sentiment permanent qu'ils pourraient ou auraient pu mieux faire.

## Le casse-tête de l'orientation professionnelle

> *« Qui ne sait pas vers quel port il doit tendre*
> *n'a pas de vent qui lui soit bon. »*

Sénèque, lettre 71 à Lucilius

L'intelligence n'est pas une question d'études supérieures. On peut être surdoué et exercer un métier manuel: question de choix, de goût et d'environnement familial.

Le choix d'une voie professionnelle, donc d'une orientation scolaire préalable, est source de stress pour les adolescents si peu formés et surtout si peu informés, encore aux prises avec leur construction identitaire. Durant cette période charnière, médias, parents, personnes modèles, mais aussi climat familial[1], ont une influence déterminante. Certains adolescents ont été accompagnés par leurs parents vers la vie professionnelle: rencontres, stages, coaching. Pour d'autres, le choix de l'orientation se fait seul, quand ce n'est pas à contre-courant ou en dépit des vœux parentaux.

Parce que *« le diplôme est encore signe de potentiel, précisément d'intégration sociale au monde de l'entreprise »*[2], la recherche pointe l'influence des parents dans les choix de carrière. Au-delà des inquiétudes que peut présenter une vie d'artiste, certains métiers sont clairement considérés comme n'étant pas du niveau des surdoués: instituteur, professeur de collège, travailleur social, conseiller d'orientation, infirmier[3]. D'où certains commentaires de parents:

---

1. Isabelle Méténier, *Crise au travail et souffrance personnelle*, Albin Michel, 2010.
2. M. Fesser, A. Pellissier-Tanon, «La détection du potentiel managérial dans le contexte de travail quotidien», communication du XIIIᵉ Congrès de l'AGRH, Gestion des ressources humaines et stratégie, Nantes 2002, Actes du congrès, tome 2, pp. 79-91.
3. K. Kelly, "Career Maturity of Young Gifted Adolescents: A Replication Study", *Journal for the Education of the Gifted*, October 1992, vol. 16 no. 1 36-45.

« Il serait peut-être temps que tu grandisses un peu ! »

« Ce n'est pas avec ce métier que tu deviendras riche ! »

« C'est un amusement, pas un vrai métier. »

« Ne me demande pas de financer ces études, ce n'est pas sérieux ! »

**《** Concernant l'orientation scolaire, la famille n'est pas une grande démocratie participative. Musicien, acteur ? "Ce n'est pas un métier". Je n'ai quand même pas été tout à fait libre de mes choix. Je me suis attaché à ne pas reproduire la même chose avec mes enfants, même si j'ai insisté pour que ma fille aînée fasse un Bac S. J'avais cru détecter chez elle une envie de faire L pour en faire le moins possible, ce qui m'avait un peu dérangé, connaissant la bête… **》**

Cynorhodon

**《** J'avais envisagé la musique : ma mère et l'école m'ont très rapidement dissuadé d'un tel choix, beaucoup trop risqué à leurs yeux. **》**

Florian

**《** Je dessinais tout le temps et les adultes admiraient mes dessins. C'était une de mes seules joies. Mais ma famille l'avait exclu immédiatement du champ des carrières possibles, alors je n'y ai repensé que longtemps après le Bac. Pendant toute ma scolarité, ce sont mes parents qui ont choisi pour moi, même ma seconde langue ! **》**

Maude Labrume

Pour certains surdoués, parce qu'ils excellent en tout, un choix cornélien se présente parfois entre filières « classiques » fondées sur les matières scolaires et centres d'intérêt extrascolaires qui dessinent de possibles avenirs professionnels (sportifs, artistes). Fac de philo ou classe préparatoire ? École d'ingénieurs ou de cuisine ? Avocat ou artiste ? Championnats internationaux de VTT avec les Jeux Olympiques en ligne de mire ou Sciences Po ?

D'autres – comme nombre de leurs pairs non surdoués – sortent du lycée sans vraiment savoir ce qu'ils veulent faire, mais avec, par contre (à la différence de leurs pairs non surdoués), trop de sujets d'intérêt. Beaucoup n'arrivant même pas à se représenter ce que signifie le monde du travail, comment pourraient-ils se projeter dans un métier? En effet, s'entendre dire en début de carrière (comme ce fut mon cas) «Vous pouvez tout faire», n'aide pas vraiment: non seulement on n'en est pas du tout convaincu, mais l'indécision en devient d'autant plus angoissante. Et, pourtant, il faut choisir…, et sans repères. Comment les surdoués peuvent-ils s'engager sur le long terme quand ils ont l'habitude de ne surtout pas choisir et d'avoir de multiples intérêts (bon moyen d'ailleurs de supporter le carcan de l'école)?

En l'absence d'informations, d'encouragements et d'adultes de référence – mais aussi parce qu'ils méconnaissent leur fonctionnement, leurs valeurs et leurs besoins –, il leur est facile de craindre de décevoir et de s'entendre dire «Tu aurais pu faire tellement mieux».

Comme tout le monde, l'inclination naturelle des étudiants surdoués, fondée sur le pragmatisme, est de choisir une carrière sûre et garante d'un bon revenu. La conformité va l'emporter: l'exploration n'est pas encouragée et la pression à ne pas perdre de temps est forte, d'autant que les études coûtent cher, ce qui n'arrange rien.

> **❭❭** Mon orientation professionnelle me préoccupait seulement parce que je savais qu'il me fallait un emploi pour payer le loyer et remplir mon frigo. L'épanouissement par le travail, je ne comprenais pas. Pour moi, il n'y avait que mes activités personnelles (rêver, lire, écrire un peu) qui avaient de la valeur; le reste était secondaire. **❭❭**
>
> Agafia

> **❭❭** Je n'ai pas eu de vocation du tout. Je n'en ai toujours pas à 30 ans. J'ai juste une longue liste d'activités que j'aime intensément. Je jongle avec mes obsessions. **❭❭**
>
> Jed

> **❭❭** Comment je me suis orienté? Par goût pour les langues dans un premier temps, et par le fait de "tomber" sur un cursus qui avait l'air intéressant et ouvrait des perspectives internationales qui m'attiraient. Totalement par hasard dans un second temps (aucune idée de ce que

je voulais et pouvais bien faire après mes échecs) : et une conseillère d'orientation qui dit "pourquoi pas ça ?". **》**

Gabriel Fouquet

**《** Je n'avais aucune idée de ce que je pouvais bien faire après mon bac, mais inconsciemment la seule chose qui m'intéressait était de rester dans mes livres le plus longtemps possible, ceci m'évitant aussi des contacts trop prolongés et difficiles avec le monde extérieur. Sur un coup de tête, j'ai choisi quelques jours avant le Bac de faire médecine. En deuxième année, j'ai soudainement pris conscience que ma voie semblait définitivement tracée. Je suis allée au bout de mes études, mais je n'ai pas passé ma thèse. **》**

Elena

**《** J'ai rencontré beaucoup de problèmes pour choisir mon orientation, ayant des passions aux antipodes les unes des autres : électronique et étude des papillons ça ne marche pas trop… alors à la place j'ai choisi électronique… en même temps que DJ (fallait bien s'amuser un peu)… et aussi boulanger "pour manger". **》**

Dan

**《** Le concours de Sciences Po, ce n'était pas un choix du cœur (j'aurais préféré une fac de langues), mais un mélange de raisons très pragmatiques : je cherchais à partir de chez moi et je voulais une formation qui me permette d'avoir du travail à la sortie. **》**

Agafia

**《** J'ai oscillé entre coup de cœur et raison (carrière, salaire, apprendre, progresser), sans jamais bien parvenir à associer les deux. **》**

Laetitia

**《** Mes études ? Le meilleur pour les matières qui m'intéressaient, le pire pour ce qui ne faisait pas sens. Le prof aussi était déterminant. Quand la génétique m'a permis de mettre du sens et m'a donné un but à atteindre, plus rien n'a pu m'arrêter. **》**

Renarde20

**«** Jusqu'à la fin du collège, j'ai cherché un métier en rapport avec les sciences. À la fin de ma seconde, c'était le gros dilemme : info ou bio ? J'ai tranché pour l'informatique. Les études ne coûtaient pas cher, la fac se trouvait à 30 minutes de la maison. Cerise sur le gâteau, les NTIC allaient me permettre de jouer avec ma passion pour la médecine, la biologie, la chimie et une grande partie des sciences. **»**

Alex

À l'opposé, certains surdoués sont très sûrs d'eux, sachant dès l'enfance quel métier ils veulent exercer. Le risque ? Ne pas gérer correctement leur scolarité, contre-performer en ne travaillant que les seules matières qui les intéressent, en négligeant tout ce qui n'apparaît pas utile pour accomplir leur rêve professionnel. Au final, ils s'exposent à des désillusions en forme d'impasses, à des tâtonnements et à un sentiment de mal-être, qui auront des répercussions sérieuses sur le parcours scolaire : par exemple, que faire après avoir rêvé de devenir architecte pendant huit ans quand on réalise, soudain, que l'architecture c'est beaucoup trop d'enseignement juridique et pas assez de dessin ?

**«** Depuis ma plus tendre enfance, je lève le nez dès que j'entends un truc qui vole et je respire à pleins poumons le flux des réacteurs… *A priori*, oui, il me reste quelque chose de cette passion. **»**

Cynorhodon

**«** Je me suis découvert une vocation pour le marketing dès 16 ans : un copain de mon frère qui avait intégré une école de commerce me parlait de ses cours et des projets qu'il développait. J'ai eu un vrai coup de cœur et j'ai su que c'était ce que je voulais faire. **»**

Catherine

**«** J'ai "identifié" ma vocation d'architecte à 10 ans, en voyant un chantier d'immeubles. Ce fut une révélation : "Maman, c'est ça que je veux faire plus tard : construire, dire ce qu'il faut faire et comment !" **»**

Givré

D'autres surdoués font même partie des prodiges mis en avant par les médias (docteur en mathématiques à 19 ans, licence de maths à 10 ans...), mais le marché du travail est-il bien calibré pour gérer de jeunes collaborateurs déjà si mûrs et formés ?

Identifier un surdoué dès l'école, c'est donc lui donner une chance d'être rassuré : être multifacette (ou multidimensionnel) n'est pas une tare, mais mieux vaut encadrer cet atout ! De même, un surdoué doit pouvoir prendre conscience que la première formation n'est pas une sentence à vie, qu'il peut toujours évoluer, en fonction des opportunités qu'il rencontrera (ou créera).

Le plus important est d'aider le surdoué à cheminer entre le sentiment de choisir une carrière pour faire plaisir à d'autres (les parents en priorité, mais parfois aussi les enseignants) et ses passions « irraisonnées », entre ce qui relève de ses centres d'intérêt et de ses habiletés et compétences.

Avant même d'envisager pour le surdoué une filière ou un métier, parents et enseignants essaieront de :

- Connaître ses motivations à travailler, l'aider à faire le point sur ses besoins et attentes pour identifier, non le métier mais l'environnement de travail qui lui permettra de s'épanouir.
- Lui laisser exprimer ses rêves, même s'ils sont irréalistes, pour commencer à tirer quelques fils à partir desquels une trame professionnelle pourra être ébauchée ; en effet, il évoquera plus sûrement ce en quoi il croit et ce qui lui tient vraiment à cœur, là où se trouvent ses vraies compétences.
- Le rassurer sur son droit à l'erreur (lui qui a, en général, développé un redoutable mélange de perfectionnisme et de procrastination).
- Le rassurer sur le fait que faire un choix, aller au bout d'un cycle d'études, c'est lui assurer un passeport vers une certaine forme de liberté, entre autres celle de pouvoir évoluer ensuite plus facilement (on ne prête qu'aux riches).
- Lui expliquer que changer plusieurs fois d'orientation en cours d'études, c'est courir le risque de se perdre et, au final, de se retrouver fort démuni quand il lui faudra entrer dans le monde du travail.
- L'aider à garder les pieds sur terre en quelque sorte.

Concernant ce dernier point, le mythe persiste en effet que les étudiants surdoués peuvent faire ce qu'ils veulent dans la vie. Il faut pourtant parfois leur rappeler qu'être intéressés par un sujet ne signifie pas être bons dans le domaine couvert par ce sujet : certains sont meilleurs en habiletés verbales quand d'autres sont meilleurs en raisonnement mathématique, deux modes de raisonnement bien différents.

En effet, ceux qui ont développé une habileté verbale sont en général également dotés d'une grande facilité de contact et plus facilement tournés vers tout ce qui touche à l'humain, alors que ceux ayant développé une habileté mathématique sont plutôt orientés vers l'abstrait avec un goût prononcé pour les mathématiques et le travail dans l'espace.

Toutes ces réflexions portent sur l'inclination profonde des étudiants surdoués quant à leur avenir. Toutefois, la pression parentale peut en décider autrement. Les surdoués ayant vécu un choix conflictuel veilleront à nourrir la « partie » qui n'a pas été choisie sous peine d'errance, voire, à plus ou moins à long terme, de cassure : études non menées à terme, réorientations brutales plus ou moins voulues, enchaînements rapides de plusieurs métiers, dépressions…

> **❰❰** On juge moins les études ou le travail pour ce qu'ils font résonner en nous que pour ce qu'ils font résonner chez les autres. **❱❱**
>
> Ajar

Le choix conflictuel n'apparaît pas que dans les familles favorisées. C'est le cas aussi chez ceux qui ont dû choisir une filière courte pour trouver vite un travail et ne plus être ainsi à la charge de leurs parents.

Parmi les écueils jalonnant le parcours scolaire des surdoués, on trouve souvent leur manque de confiance en eux, ou plus exactement un sentiment déprécié d'efficacité personnelle (doute quant à leur capacité à réaliser des performances particulières), résultant d'un perfectionnisme accru et d'une vision très autocritique.

Ceux qui ont appris à faire profil bas en termes d'idées et de suggestions ont pu adopter un comportement « plongeant » (le profil « effondré » présenté par M. E. Jacobsen), qui les conduit à la sous-performance (manque de persévérance, abandon…). Cette stratégie pèse dans la balance quand vient le moment de faire des choix de carrière : souvent ignorants de leur condition de surdoués, il leur est difficile d'envisager certaines orientations scolaires, car ils ne se sentent pas à la hauteur ; ce sentiment perturbant d'«être différent» et, surtout, «pas comme il faut» persistera.

Ceux qui manquent de confiance en eux vont préférer travailler à un niveau moindre. L'objectif, en se sous-classant de la sorte, consiste à obtenir de meilleurs résultats que la moyenne, à améliorer leur estime d'eux-mêmes et, surtout, à être en mesure d'éviter l'échec. Cette stratégie est celle du *Big Fish in a Little Pond Effect* (BFLPE), en français celle du «gros poisson dans une petite mare».

**《** J'ai renoncé ou évité certaines formations et plusieurs emplois par souci de facilité. Être jugé ou évalué comme incompétent est juste insupportable. **》**

Ajar

Toutefois, lorsque l'on n'est pas conscient de la façon dont on fonctionne, quand on se pense petit alors qu'on est déjà de taille respectable, choisir d'aller nager au milieu de petits poissons ne fait qu'accroître le décalage et toutes les difficultés qui en résultent.

**《** Cela fut longtemps un véritable déchirement de me retrouver dans des environnements loin d'être à ma hauteur. J'étais donc dans une situation d'inconfort constant, conduisant à déterminer une attitude impossible à tenir : réussir sans réussir. Une fois mes études terminées, au lieu de démarcher des entreprises prestigieuses, des artistes connus, je me suis terrée dans l'ombre, terrorisée… J'ai choisi un quartier pourri de Genève, vide de toute vie artistique, et je me suis enterrée là, bossant pour des projets bien en dessous de mes compétences. **》**

Maude Labrume

**《** J'ai saboté certains concours importants, préférant me rabattre sur une école plus facile. Avec le recul, il y avait certes une certaine peur de l'échec, mais aussi une grande part de sursaut pour éviter d'aller vers une voie qui ne me correspondait pas. **》**

Antoine

Finalement, pour le bachelier surdoué qui a si peur de se tromper, la voie de l'apprentissage post-bac est un bon moyen d'accumuler des expériences offrant de découvrir à peu de frais l'environnement du travail, les relations sociales…, et surtout l'importance d'une situation professionnelle qui permet l'autonomie !

**《** J'ai arrêté après le Bac. L'ennui d'abord, mais surtout l'impatience de rentrer dans la vie active et de connaître d'autres expériences. Je voulais gagner de l'argent, croyant que cela me rendrait libre et indépendante. **》**

Nathalie

L'élève surdoué issu d'un milieu défavorisé a de fortes chances d'échapper à la détection formelle du surdon, son milieu n'étant pas suffisamment informé et aisé pour envisager la passation d'un test (qui, dans l'absolu, coûte très cher).

Enfermé dans des croyances lui refusant certains métiers et certaines études, il ne dispose pas des relations qui pourraient le piloter et le soutenir efficacement, à la hauteur de son potentiel exceptionnel. Existe aussi le risque d'un conflit de loyauté inconscient : « Faire des études, c'est renier ma famille, ma classe sociale, perdre mon appartenance à un groupe ». Et que dire du manque de capital culturel et social, viatique très utile pour certaines études – c'est-à-dire « les bonnes manières », ce référentiel indicible qui signe l'appartenance sociale et induit de subtiles discriminations – et du manque de capital financier, car les bourses d'études (quand on sait comment les obtenir) n'en sont pas l'alpha et l'oméga.

Pour un enfant surdoué défavorisé, l'orientation est donc un enjeu de taille, sur fond de système éducatif français en déconfiture : professeurs à deux doigts de rendre leur tablier[1], conseillers d'orientation qui, faute de moyens, ne rencontrent les élèves en moyenne que 15 minutes dans l'année et sont considérés comme « *la figure la plus détestée par nombre*

---

1. E. Debarbieux et G. Fotinos, « L'école entre bonheur et ras-le-bol » – enquête de victimation et climat scolaire auprès des personnels de l'école maternelle et élémentaire, Observatoire International de la violence à l'école, Université Paris-Est-Créteil, septembre 2012.

*de jeunes [qui] cristallisent sur sa personne l'inadéquation entre formation et insertion sociale*»[1].

Dès lors, j'admire le courage et la détermination de cet enfant, né dans un milieu particulièrement défavorisé, auquel la curiosité intellectuelle ainsi qu'une mère aimante et attentive ont permis d'atteindre un niveau de culture que j'ai rarement rencontré. Pour autant, admis à Sciences Po Paris, il a renoncé, se disant qu'un enfant d'ouvriers ne pouvait intégrer une telle école.

**«** J'ai fait une CPPN[2]. À la fin, au moment de m'orienter, j'ai voulu choisir le dessin, mais on m'a dit qu'il fallait avoir fait des études ; je me suis donc convaincu que ce n'était pas pour moi. J'ai commencé à parler de mécanique, mais c'est alors mon père qui a rigolé en haussant les épaules, m'affirmant que je n'y connaissais rien ! Par hasard je suis devenu boucher désosseur. **»**

Inode

**«** Comme je ne savais pas quoi faire après mon premier Bac, j'ai décidé d'en faire un second, persuadée qu'un an plus tard, je saurais mieux… Eh bien non ! Pas du tout. Personne pour me pousser, me conseiller, m'encourager, me guider, me rassurer… J'ai fait tout ça un peu au pif, la tête dans le brouillard. J'entendais tellement mes parents (qui travaillaient dur dans une usine du matin au soir) dire que c'était difficile financièrement que je me suis dit d'entrée de jeu que la fac ne serait jamais possible, qu'ils ne pourraient pas suivre niveau budget. Mon seul objectif était d'atteindre un niveau Bac + 2 (peu importe dans quoi puisque, de toute façon, je ne savais pas ce que je voulais faire…). Erreur totale d'aiguillage ! Et puis il faut dire aussi que j'ai traversé tout ça en pensant que j'étais bonne à rien, nulle et bête. **»**

Patricia

---

1. Gilles Kepel, «Banlieue de la République», étude sur les banlieues défavorisées, Institut Montaigne, octobre 2011, p. 18.
2. Les classes préprofessionnelles de niveau accueillaient, jusqu'en 1991, les 4e et 3e en échec scolaire.

## De la difficulté d'être «trop» intelligent

> «*Le prix que Newton a eu à payer pour être intellectuellement
> si exceptionnel a été qu'il n'a pas eu d'amis, qu'il n'a jamais connu l'amour,
> qu'il n'a pas eu d'enfants, ni beaucoup d'autres choses désirables.
> En tant qu'homme c'est un raté;
> en tant que monstre, il est magnifique.*»

Aldous Huxley

Terman avait déjà remarqué que les surdoués ne l'étaient pas tous au même degré. Plus récemment, Gagné a proposé d'établir des gradations du surdon: le surdon est léger lorsqu'il se situe autour d'un QI de 120, modéré autour de 135, élevé autour de 145, exceptionnel autour de 150 et extrême vers 160 (en gardant en tête les limites d'identification des tests).

Les chercheurs notent que le «degré» d'intelligence a un impact certain sur son détenteur: dans une étude sur des étudiants surdoués à Hongkong, David Chan mentionne que «*plus le surdon est élevé, plus grandes sont les chances d'avoir des relations sociales de piètre qualité, et être surdoué dans de telles conditions peut signifier se sentir socialement isolé et anormal*».

**《** Parfois, j'ai vraiment l'impression d'être Magnéto *versus* le monde... **》**

Alex

Une constatation déjà effectuée par Terman notait que les scores aux tests d'adaptation émotionnelle et sociale des extrêmement doués étaient moins bons que ceux des enfants au QI moins élevé..., dans certaines limites quand même, et c'est important de le rappeler: «*On note que 50 % [des extrêmement doués] sont très nerveux mais que seulement 3 % souffrent de névrose grave*».

À la différence de Terman, convaincu que le surdon n'est que génétique, la psychologue américaine Leta Hollingworth est persuadée que le surdon est aussi affaire d'environnement. Elle s'est beaucoup intéressée aux moyens de nourrir intellectuellement les enfants extrêmement doués: elle note que les enfants dotés d'un QI supérieur à 180[1], bien que fonctionnant bien pour la plupart, ont beaucoup souffert d'être traités de déviants, non seulement dans le système scolaire mais en société en général.

Pour les exceptionnellement doués, Grady Towers insiste sur le fait que ce n'est pas l'intelligence en soi qui pose un problème, mais l'isolement dans lequel cette intelligence les projette. Ils éprouvent, dès leur enfance, beaucoup de mal à trouver de la stimulation intellectuelle, chez leurs pairs en âge ou dans les cours.

Être exceptionnellement doué ne rime pas forcément avec misanthropie! Il est juste difficile d'entrer en contact avec les autres, à partager ses enthousiasmes, ses centres d'intérêt…, quand le décalage est si grand que l'on n'est jamais compris, voire le sujet de moqueries de la part de ses pairs quand ce n'est pas celles des plus âgés qui ne considèrent que l'âge de leur interlocuteur… La stratégie est alors (et avec combien de regret) celle du repli sur soi qui devient, non une habitude mais une constante, faute d'une sociabilisation confortable. Ainsi se forge l'isolement social: on peut ne pas naître introverti, mais le devenir à force d'agressivité subie et d'impuissance apprise.

Certains surdoués, préférant l'appartenance au groupe (popularité, conformité), se sabordent intellectuellement: ils s'improvisent alors une carrière de clown et s'effacent maladroitement au fond de la classe, comme pour s'éloigner du monde et s'enfermer dans le leur, ou s'affirment en rebelles… Ceux-là risquent de préférer des mondes plus artificiels ou de voir poser sur eux un diagnostic erroné qui les stigmatisera longtemps: déficit d'attention, autisme, trouble d'opposition avec provocation.

Cet isolement social, qui se fait sentir dès leur enfance, va peser toute leur vie durant. D'où la conclusion que, plus élevé est un QI, plus grande est la difficulté de son propriétaire à s'insérer dans le monde du travail.

---

1. L'évaluation Cattell est traditionnellement utilisée dans les pays anglo-saxons: un QI «Cattell» de 180 correspond à un QI de 150 sur l'échelle de Wechsler habituellement utilisée en France (l'échelle de Wechsler culmine à 160).

Il est effectivement rare que les exceptionnellement surdoués traversent leur existence le cœur léger, surfant sur le succès et la reconnaissance. Ils se perçoivent plutôt comme des extraterrestres soupirant après leur planète, le risque étant de les retrouver dans des métiers très solitaires (chevrier ou gardien de nuit), où ils peuvent éviter tout contact les mettant mal à l'aise. Ils vous disent d'ailleurs, en général avec un sourire empreint d'un soupçon de tristesse, qu'ils ne sont jamais seuls avec un bon bouquin. Pas étonnant non plus de retrouver chez eux un fond de dépression latente, reflet de leurs regrets de ne pouvoir vivre à la hauteur, non de leurs ambitions mais de leurs rêves.

Il est dur de devoir vivre au milieu des autres avec ce sentiment d'être en permanence séparé d'eux par une vitre de sécurité. On peut juste tenter de comprendre, sans pouvoir jamais partager.

Quand les livres sont l'ultime refuge, s'ils guident la réflexion, ils ne l'éprouvent pas et ne filtrent rien. Leur influence jointe à une grande solitude développe des personnalités singulières, excentriques, ou de doux dingues parfois hallucinés, ancrés dans des certitudes, des jugements et des prises de position qui n'appartiennent qu'à eux, convaincus en outre d'avoir raison contre le monde entier.

Grady Towers savait le sens d'être isolé : « *De vraies barrières de communication isolent de ceux qui l'entourent l'individu exceptionnellement surdoué. Pour cette raison, son enfance a, par certains côtés, des points communs avec celle des enfants sourds ou négligés par leur famille… ou même certains enfants sauvages.* »

Mais il tempère aussi : « *Il n'y a rien d'inévitable en termes de difficultés d'ajustement social, et ce, quel que soit le niveau de QI. Certes, il apparaît un risque plus grand chez les extrêmement surdoués, mais ce risque peut être réduit en comprenant les causes de ces difficultés d'ajustement et en les traitant de façon intelligente : simplement reconnaître ces difficultés pour ce qu'elles sont, et leur cause, c'est avoir fait la moitié du chemin.* »

Pour lui, se poser en victime, renoncer à faire des efforts pour se rapprocher du reste de l'humanité, n'est pas constructif et ne peut, au contraire, qu'aggraver la perception que l'on a des surdoués. Il importe donc à ceux-ci de veiller à jeter des passerelles, d'apprendre les vertus de l'effort, lequel est assez étranger aux moyennement comme aux exceptionnellement surdoués.

La psychologue britannique Joan Freeman rappelle enfin le poids d'une sensibilité extrême : «*[...] remarques disqualifiantes des professeurs, embûches des relations sociales, ennui et harcèlement à l'école, choix de vie cornéliens. Leurs histoires témoignent combien des événements apparemment sans importance peuvent avoir eu des effets dévastateurs [...]. Ils laissent perplexe devant des questions telles que : est-ce qu'avoir un esprit brillant aide quand vous appartenez à une minorité ethnique ou que vous souffrez de dépression ? [...] Quel est l'impact émotionnel de sauter une classe ?* [1] »

## De la «norme» en matière d'intelligence

Dans son essai *The Empty Promise* [2], Grady Towers note quatre grands seuils de QI implicitement définis, correspondant chacun à un niveau d'études que peuvent atteindre les individus :

- pour un QI ne dépassant pas 50, le retard mental empêche toute scolarité normale ;
- un QI d'environ 75 correspond à l'ancien certificat d'études ;
- un QI d'environ 105 permet d'atteindre le Bac, sans capacité à suivre des études supérieures ;
- un QI d'environ 115 permet d'obtenir un master [3].

Beaucoup s'accordent sur le fait qu'il existerait une sorte d'«intelligence optimale», située quelque part entre un QI de 115 et un QI de 128.

Ainsi, en 1965, le QI moyen d'un médecin américain était de 125,5 (dans une fourchette de QI de 111 à 149). Chez les psychiatres américains, le score moyen de QI relevé en 1958 était de 128 (fourchette de 110 à 145). À peu près à la même époque, une étude indiquait un QI moyen de 124,09 pour les cadres dirigeants d'entreprise.

---

1. *Gifted Lives: What Happens when Gifted Children Grow Up*, Routledge, 2010.
2. «Promesses en l'air».
3. INSEE 2012 : en France, 14 % de la population disposent d'un diplôme d'études supérieures à Bac + 2 et 29 % détiennent au mieux le certificat d'études primaires.

Pour dépasser l'écueil de l'«intelligence optimale», si vous cherchez votre salut en annonçant qu'avec un QI élevé vous avez l'avantage d'être créatif, il vous sera rétorqué que ce QI plus élevé que la moyenne n'apporte rien de plus : vous vous heurterez cette fois-ci à la théorie dite «du seuil» («*Threshold theory*») proposée par le psychologue Paul Torrance, créateur des tests de créativité, selon laquelle «pas besoin d'un QI très élevé pour être créatif».

Être «trop» créatif signifie exprimer des idées incompréhensibles pour la majorité : tels les croquis d'hélicoptère et de sous-marin de Léonard de Vinci, ou encore le procès en Inquisition de Galilée sur la réalité de la Terre qui tournait autour du soleil.

Continuons avec ce petit jeu des moyennes : s'il apparaît aujourd'hui qu'un QI de 133 semble optimal pour être médecin, juge, professeur d'université ou encore chercheur, il semble qu'un QI de 140 réduise à une chance sur trois l'opportunité d'exercer ce type de profession et, grosso modo, qu'un QI de 150 à un peu moins d'une chance sur 30.

Dans un article intitulé «*The Inappropriately Excluded*»[1], le blogueur polymathe Michael Wells Ferguson rapporte les travaux de D. K. Simonton (chercheur en psychologie). Ses conclusions sont similaires à celles de Hollingworth : vous pourrez vous faire entendre et comprendre de quelqu'un quand le différentiel de QI entre vous est d'environ 20 points (Hollingworth l'estime à 30 points). À partir de là, les choses sont implacables :

- Les élites ont un QI moyen de 125-128. Elles peuvent donc convaincre un public d'un QI minimum de 105 (fin d'études secondaires). (Selon Hollingworth, ceux en deçà de 100 sont les laissés-pour-compte de la démocratie : ils ont trop de mal à saisir les concepts pour participer activement aux discussions autour des discours politiques et sont écartés de l'avancement au mérite, c'est-à-dire selon l'intelligence de chacun).

---

1. «Ceux que l'on exclut à tort».

- Les personnes dotées d'un QI de 130 ne peuvent plus être comprises que par des personnes ayant un niveau d'études de type Master (QI moyen 115) qui sont loin d'être une majorité.
- Et ceux qui ont un niveau de QI supérieur à 135 ont une base encore plus réduite de public pour les comprendre.

Grady Towers résume en disant : « *Le seuil de l'inadaptation sociale semble apparaître dès lors qu'une personne ne peut espérer rencontrer parmi ses contemporains au moins 15 % d'individus avec lesquels elle pourra communiquer sur le même plan d'intelligence et développer des relations de sympathie.* »

On comprend mieux la simplicité des idées et du vocabulaire des discours politiques et de tous les messages « grand public », fondés sur la répétition de mots usuels simples pour mieux être entendus et compris du plus grand nombre…

Alors, *no future* pour les QI de 135 et plus ? Pas forcément. Au sein d'une organisation classique, les leaders savent qu'ils ont besoin de plus intelligents qu'eux, c'est-à-dire d'individus ayant 20 points de plus qu'eux, soit 145 à 148. Et ces derniers auront besoin d'experts (QI au-delà de 150) pour fonder leur réflexion[1].

En attendant, on l'a vu, rares sont les intelligences élevées qui franchissent l'étape scolaire sans atteinte dommageable à ce qu'elles sont : même soutenu par une famille et des amis, se retrouver isolé, parfois harcelé, se heurter sans cesse à des difficultés de partage (émotions, intérêts…) est usant pour un surdoué.

Comment s'étonner que certains renoncent, inhibent leur créativité pas toujours bien accueillie ni même comprise, en se réfugiant dans une fuite qui peut être rédhibitoire (fuite dans la folie, la drogue ou la mort) ?

**《** Assez jeune, j'ai compris qu'il valait mieux m'éteindre pour supporter le monde. **》**

Antoine

---

1. En admettant que les tests de QI soient fiables et que les uns et les autres connaissent leur QI.

Tempérons quand même ce tableau : certains arrivent à survivre au système scolaire en choisissant une voie professionnelle moins classique : en étant indépendant (artisan, commerçant, profession libérale) ou en devenant chef d'entreprise !

**《** Tout ce que je savais, c'est que si j'étais salariée, ça ne marcherait jamais. J'ai trouvé inutile de m'infliger plus d'échecs sociaux que nécessaire. En créant mon propre emploi, j'ai créé mes propres règles. **》**

Nathalie

Chapitre 2

# LE SURDOUÉ EST-IL SOLUBLE DANS L'ENTREPRISE ?

---

*« Le talent est une force, pas un outil. Le talent n'est ni bon, ni mauvais.*
*Être doué de plusieurs talents est en fait un cadeau ambigu.*
*Pour certains, c'est un fléau. »*

Hank Pfeffer, Mega Society

L'Université Vanderbilt mène depuis 1970 une étude longitudinale sur un peu plus de 1 000 « mathématiciens précoces ». Quarante ans plus tard, les données collectées sur leur évolution dressent le portrait général de personnes très bien intégrées et même, parfois, éminentes professionnellement. Ce portrait, qui va si bien dans le sens de ce que les journaux aiment publier, ne s'applique cependant pas à tous les surdoués, même identifiés dans l'enfance.

Pour nombre de surdoués, le décalage ressenti à l'école ne s'efface pas à l'entrée dans le monde du travail qui est loin d'être une sinécure. Il s'aggrave même parfois, surtout pour ceux dont le cursus académique ne permet pas de mettre pleinement à profit leur intelligence. De plus, outre que nombreux sont encore les surdoués adultes à ne rien connaître de leurs spécificités, la reconnaissance du surdon en entreprise est quelque peu balbutiante.

Lors d'une conférence Mensa en 2014[1], Éric Gardiès, DRH, mentionne qu'en 26 ans de métier, il n'a jamais entendu parler de haut potentiel intellectuel. Une enquête express auprès de son réseau donne ce qui suit : sur 500 personnes contactées, il a reçu 10 réponses dont seulement 3 indiquaient être sensibilisées au haut potentiel, sans connaître grand-chose sur le sujet !

Peut-être cette méconnaissance et ce manque d'intérêt trouvent-ils leurs racines dans la constatation issue d'une enquête Deloitte ? Selon cette enquête, réalisée auprès de 3 000 responsables RH et business dans 106 pays[2], « *70 % des professionnels RH ont intégré la fonction sans qualification* ».

Pour un surdoué, être embauché dans une entreprise ou intégrer une équipe ne signifie pas forcément la même chose. Si l'embauche peut être une formalité, surtout pour celui qui a l'assurance nécessaire pour s'exprimer et mener un entretien, l'intégration au sein d'une équipe est une toute autre affaire ; c'est pourtant celle-ci qui pèsera lourd ensuite sur sa carrière et/ou sur l'estime de soi.

Tout va commencer avec le recrutement au cours duquel le mode de fonctionnement spécifique du surdoué peut détonner. Ensuite, le quotidien en entreprise apportera son lot de difficultés : différentiel de repères, créativité, idéalisme et émotions seront des facteurs de décalage susceptibles de gêner la reconnaissance professionnelle. Cette différence de longueur d'onde entre le surdoué et l'entreprise s'exprimera par les mots du quotidien tels que : ennui, inanité des propos, lenteur, superficialité, manque de rigueur, dira le premier, quand la seconde le verra comme ingérable, un « Monsieur/Madame je-sais-tout », un perfectionniste pathologique « ne faisant rien comme les autres ».

Tout cela donne l'impression que, sans traducteur, il y a peu d'espoir d'entente entre deux mondes qui n'ont visiblement pas les mêmes repères.

---

1. Mensa Pays de Loire, Intelligence Day 2014, « HPI et monde du travail », vidéo disponible sur YouTube.
2. Deloitte, « Les grandes tendances RH 2014 ».

## AU COMMENCEMENT ÉTAIT LE RECRUTEMENT...

**«** J'ai pris un poste dans la première SSII venue, située pas trop loin en bus. **»**

Alex

**«** J'ai toujours mal vécu les entretiens d'embauche : "se vendre" est pour moi très dégradant. J'ai aussi l'impression que la relation salariale (subordination contre argent) aliène une partie de ma liberté. **»**

Florian

Du fait de l'évolution du marché du travail en France, tout futur actif doit s'attendre à occuper trois emplois au cours de sa vie professionnelle (contre dix aux États-Unis). Combien le surdoué en occupera-t-il ? Beaucoup plus que la moyenne. Pour ma part, en trente ans de vie professionnelle, j'ai connu huit organisations, deux statuts professionnels, occupé quatorze fonctions, de la microentreprise au grand groupe international, dans divers secteurs économiques, avec bien sûr une période de chômage de longue durée.

**«** J'ai connu des changements à répétition, pas toujours de mon plein gré, même si souvent, quand même, c'est moi qui partais. Je n'ai aucune patience avec la médiocrité, l'amélioration lente, la construction sur le long terme... **»**

Armelle

**«** J'ai connu 9 boîtes en 17 ans ! **»**

Laetitia

**«** Je dénombre dans mon parcours une dizaine de métiers, sans parler des déclinaisons. Dans 80 % des cas, j'ai été à l'initiative du départ, ce qui ne s'est pas fait sans difficulté par rapport à mon entourage. Lorsque je ne pouvais changer pour des raisons alimentaires, j'étais plutôt malheureux. La vérité est que je m'ennuie vite quand je m'installe dans une routine. **»**

Ajar

**«** Entrée dans le monde du travail, je me stabilisais pour deux ou trois mois maximum. Mais après sept ans de vadrouille, j'ai dû me stabiliser de force, sinon je crevais de faim. **»**

Faïza

**«** Je n'ai jamais changé de travail, parce que le changement me fait peur. **»**

Jean-Marie

**«** Je suis une habituée des changements à répétition. J'ai un fort besoin de stimulation et de nouveaux horizons. J'ai changé de ville 3 fois, dont un changement de pays. Et j'espère bien continuer. **»**

Maude Labrume

**«** J'ai changé 6 fois en 12 ans. Je change tous les ans (cycle court) ou 2 ans et demi (cycle long). Là, je suis depuis 7 ans dans le même boulot, mais j'ai bien évolué au fil du temps et j'ai eu un an de congé formation. **»**

Antoine

**«** Les possibilités réelles de changer de métier sont, contrairement au discours officiel, très limitées à cause des règles très rigides du statut de la fonction publique. À moins d'appartenir à un corps généraliste de catégorie A, les passerelles officielles (accessibles par le biais d'un détachement ou d'une mise à disposition, par exemple) sont très difficiles à utiliser à cause du cloisonnement des métiers. **»**

Florian

**«** J'ai travaillé dans beaucoup de grands bureaux d'archi différents, ceux qui recrutent à cause d'un surcroît de travail limité dans le temps… C'est le genre de boîtes que j'ai toujours choisi volontairement. Quelques privilégiés restent stables dans des bureaux, mais cela suppose un caractère qui n'a jamais été le mien ! **»**

Givré

## La lettre de candidature

Une candidature commence par être évaluée sur la base d'un CV, quel que soit le candidat, mais en cas de refus, ce que retiendra le surdoué évincé, c'est qu'une fois de plus il ne convient pas, ce qui le renverra à une situation de rejet bien connue.

Il faut se rappeler qu'un recruteur a besoin d'être rassuré et de comprendre. Alors pourquoi la candidature d'un surdoué pourrait-elle l'effrayer et l'inciter à ne pas la retenir ?

Les motifs du rejet sont de deux ordres :

- **Les compétences demandées sont bien là, mais les expériences passées font apparaître un candidat surqualifié,** ou au potentiel trop important pour ce que le poste peut offrir («il/elle va s'ennuyer»).

  Soit l'historique est assez déroutant au vu du «trop» grand nombre de postes occupés et d'entreprises par lesquelles le surdoué est déjà passé… Soit, par souci de précision, aucun détail n'est omis, d'où une carrière très riche, et le recruteur a encore plus besoin d'être rassuré.

  **❮❮** Il y a des recruteurs qui disent que ce n'est juste pas possible d'avoir fait autant de choses […]. Ils pensent à une imposture […] Souvent, les hauts potentiels ne sont pas très rassurants […], leur hypersensibilité les rend trop intenses pour leur interlocuteur. […] Sans rien dire, ils peuvent faire peur. Le recruteur peut se dire "celui-là va prendre ma place dans 6 mois" ou "celui-là va s'ennuyer dans 3 mois et va partir". Et il n'arrive pas à visualiser le candidat avec le reste de son équipe. **❯❯**
  
  Gaud Leroux, «HPI et monde du travail»,
  Intelligence Day Mensa Pays de Loire 2014

- **La logique qui a conduit le candidat à postuler n'est pas cohérente avec le poste à pourvoir.** Or, la tendance au clonage est une réalité aujourd'hui : on espère trouver un candidat dont le profil est semblable à celui qui est parti, ou à ceux de l'équipe déjà en place.

Le recruteur lit un CV qui est « hors cadre », sans percevoir que l'ensemble des compétences développées par le candidat, y compris dans la rubrique des « intérêts personnels », lui permet parfaitement de postuler. Le cheminement pour arriver à l'adéquation candidature-poste est trop complexe, le potentiel du candidat incompréhensible. L'immense adaptabilité du surdoué et sa capacité singulière à absorber très vite les informations, qui le rendent très rapidement plus performant que la moyenne, sont perçues comme quelque chose d'impensable et relevant d'une autre dimension, sauf quand ces qualités sont reconnues par quelqu'un qui fonctionne comme lui.

## L'entretien

L'étape des entretiens recèle aussi son lot de « dangers ».

Candidat (surdoué ou non) et recruteur ressentent généralement l'entretien comme une épreuve : peur de se tromper pour l'entreprise, peur de ne pas être retenu pour le candidat. Sur la forme et sur le fond, cette rencontre est un moment sous haute tension, plus encore pour un surdoué.

**La forme** est essentielle : une minute suffit au recruteur pour se forger une opinion sur quelqu'un. Au théâtre du recrutement, les apparences sont primordiales : habillement, présentation, débit de paroles, manière de s'exprimer, vocabulaire utilisé, sujets annexes abordés…, autant d'éléments implicites que les surdoués, de façon surprenante, peuvent ignorer, parce qu'ils sont plus soucieux du fond (pour eux essentiel) que de la forme (pour eux accessoire).

Jouer devient la clé. Certains surdoués, qui le savent bien, jouent au point de se jouer du recruteur. Les autres, tellement peu au fait des conventions sociales, restent focalisés sur le fond (l'intérêt du poste) et négligent ces « détails » sur lesquels ils vont trébucher dès l'entretien, ou par la suite s'ils viennent à être embauchés.

  **«** J'applique la règle "il faut être Grec chez les Grecs". Je montre mon profil professionnel le plus adapté, j'essaie de ne faire peur à personne et de ne pas me faire classer dans une autre case que "candidat parfait"... **》**

Antoine

**《** Les autres HQI ont-ils également cette capacité d'inverser complète- ment les rôles lors d'un entretien d'embauche ? Mon record personnel est d'une dizaine de minutes pour passer de celui qui passe l'entretien à celui qui le mène. Une fois dans cette situation, je sais que j'aurai le dernier mot pour signer le contrat d'embauche. Mon dernier entre- tien, pour intégrer ma boîte actuelle, s'est très bien déroulé. Ma priorité n'était pas le salaire mais de bosser avec des gens ayant un niveau tech- nique correct et d'avoir un minimum de trajet. **》**

Alex

**Le fond,** lui, correspond à l'adéquation entre la culture de l'entreprise, le style de management, l'équipe à intégrer, le poste à occuper et les valeurs et besoins du candidat. Il faut qu'il y ait une compatibilité tant du point de vue de l'entreprise (attirer puis retenir) que de celui du recruté (s'enrichir, être reconnu).

Sans compatibilité, l'entreprise ne pourra pas fonctionner correctement et l'impact sur le surdoué deviendra vite négatif :

- le mode de management et d'animation de l'équipe ne le nourrira pas intellectuellement ;
- il se retrouvera en parfait décalage avec « le reste du monde », c'est- à-dire son groupe de travail.
- il va s'effondrer d'ennui dans son poste.

**《** Je savais toujours très bien à quel type de travail m'attendre, c'est limpide en archi. La seule inconnue concernait la question des rapports humains, vis-à-vis du patron et entre les collègues. **》**

Givré

À l'instar de tout candidat à une embauche, le tonus a son importance. Certains surdoués s'exprimeront brillamment (« trop » parfois, et ils feront peur), d'autres avec plus d'hésitation. Dans la version effondrée du surdon (amère, aigrie) ou dans sa version exagérée (agitée, en surpression), ce sont la dépression et l'agitation (qui relèvent du « trop ») que percevra le plus souvent le recruteur, non la très grande sensibilité ou le processus de désintégration positive[1], signes de ceux qui visent l'excellence.

Concernant leur adéquation à un poste, les surdoués ont parfois du mal à se projeter : ils saisissent difficilement les contours du poste que leur définit le recruteur. Ils ont tendance à l'imaginer beaucoup plus large qu'il ne l'est dans l'esprit du recruteur, et n'en perçoivent pas les limites réelles.

Le manque de confiance en soi peut aussi affleurer lors de l'entretien, même chez ceux qui donnent l'impression d'être pleins d'assurance. Cela se remarquera à un petit commentaire glissé incidemment ou un doute exprimé. Rares sont les surdoués qui soulignent qu'ils sont parfaitement adaptés au poste pour lequel ils postulent !

Rares également sont ceux qui en rajoutent en matière de compétences : ils en ont beaucoup mais les ignorent, en grande partie parce qu'ils font tant de choses de façon naturelle qu'ils ne voient pas en quoi leurs compétences sont remarquables.

> **«** Les nouveaux postes me mettent dans un état de stress intense. Je me demande toujours si je vais arriver à comprendre, à m'adapter, à faire du bon travail… Finalement, je finis par m'apercevoir que je me suis fait une montagne d'une taupinière. La seule chose que je redoute vraiment, c'est de savoir combien de temps je vais tenir avant d'être lassée par ce boulot beaucoup trop simple et répétitif… **»**
>
> Solange

Lors d'un entretien, le surdoué ne cherche pas à surjouer, trop inquiet déjà de ne pas être à la hauteur du poste à pourvoir, forme presque naïve d'intégrité. Pour lui, être « normal » et ne pas surjouer – parce que l'émotivité peut l'amener à jouer un personnage qui n'est pas le sien –, c'est pourtant déjà apparaître comme « trop » aux yeux de quelqu'un qui n'est pas surdoué.

---

1. La désintégration positive est une dynamique de progression personnelle dont certaines étapes ressemblent à la dépression. C'est un concept mis en lumière par le psychologue polonais K. Dabrowski. Pour plus de détails, *cf.* mon premier ouvrage.

Un potentiel manager direct pourra, par exemple, se sentir en infériorité et percevoir le candidat comme une menace directe pour son autorité ou sa carrière : « il/elle va être ingérable », « il/elle va vouloir prendre ma place ». Le recruteur en cabinet sera plus prudent encore parce qu'il doit lui-même rassurer son client.

Ou bien, quand la pensée du surdoué s'emballe, qu'il sait ce que le recruteur va dire, le réflexe sera de lui couper la parole pour finir sa phrase, de répondre à la question qu'il n'a pas encore posée ou de digresser sur un sujet apparemment tout autre (mais pourtant lié). L'entretien sera entrecoupé de « Bon, pour aller droit au but » ou de « Pour faire court » qui interrompent le recruteur qui a alors le sentiment que le candidat ne s'intéresse pas à ce qu'on lui dit, que les relations sociales au sein de l'entreprise risquent d'être difficiles avec lui. Or l'entreprise cherche avant tout des personnes capables d'une bonne sociabilisation.

Comme on le voit, il est difficile pour un surdoué de rassurer alors qu'il apparaît hors normes, d'autant plus s'il ignore les bons mots clés à utiliser et les stratégies de « camouflage » auxquelles recourir. Enfin, un surdoué oublie souvent de poser certaines questions attendues par le recruteur, que celui-ci qualifie de « normales » car faisant partie du processus de recrutement. Par exemple : Quelle est la culture d'entreprise ? L'entreprise favorise-t-elle l'innovation ? Comment l'entreprise encourage-t-elle la performance ? Privilégie-t-on la compétition interne ou la collaboration et le partage d'informations ? Quelle est la politique de développement des compétences ? Celle de la progression dans l'entreprise ? Sans oublier la question du salaire pour lequel un surdoué éprouve un intérêt secondaire au regard de l'intérêt de la mission qui prime (résultat : la courbe des augmentations de salaire du surdoué est en général moindre).

Il a plutôt tendance à se focaliser sur la mission à remplir, à se projeter surtout dans la façon dont il va s'employer à atteindre son objectif. Il insistera en revanche sûrement sur les notions d'« engagement », d'« exigence » et de « qualité », qui lui sont chères et que le recruteur relèvera avec satisfaction, sans toutefois avoir conscience que ces mots n'ont pas la même « valeur », ni la même intensité, pour lui et son interlocuteur.

**«** Je crois qu'en fin d'entretien, on n'est pas en capacité de poser les vraies questions : on souhaite partir au plus vite pour se retrouver avec soi-même et mesurer son ressenti. Et là, on peut sentir que la galère est déjà en marche. J'ai souvent considéré mes jobs en tant que tremplins pour celui de demain. Ce n'est que dans l'action que l'on s'aperçoit que le tremplin est savonné. Mais je ne voulais pas le voir, car l'enthousiasme c'est la vie ou, du moins, ça y ressemble. Ne pas se faire avoir, c'est savoir dire non. Difficile à dire quand on débute un travail. Un peu d'inconscience aide à l'enthousiasme, qui relève plus du sentiment que de la raison. **»**

Ajar

**«** Le salaire n'a jamais été pour moi un élément de motivation. Le principal souci, c'est de ne pas avoir anticipé la violence latente qui est pour moi difficile à supporter lors des missions que j'ai à effectuer, ainsi que la rigidité des règles d'évolution dans la fonction publique qui me bloque presque indéfiniment sur le même type de poste. Je suis aussi en colère contre moi-même qui n'ai pas su lire entre les lignes : j'ai le sentiment de m'être un peu fait avoir. **»**

Florian

**«** Je ne vois jamais ce qui peut clocher, je suis d'un enthousiasme et d'une naïveté désarmants et dramatiques. **»**

Elena

**«** Lors de mes entretiens d'embauche, j'essayais de savoir si les gens étaient sympas et si le salaire était correct. Mais je savais à l'avance que je serais sous-employée. Le sentiment de se faire avoir, faute de vérification de détails préalable ? Oui, je l'ai ressenti. Lorsque j'envisage un projet, je suis superenthousiaste, très positive. Alors, je ne veux pas savoir s'il y a des ombres au tableau. Il m'est souvent arrivé de concevoir et mettre en route des projets que je portais seule, avec des partenaires qui me bouffaient et me freinaient, faute d'avoir vérifié leurs motivations, leur énergie, leur compétence. **»**

Maude Labrume

**« ** La recherche était pour moi une vocation (dès neuf ans), les considérations salariales ne sont jamais entrées en ligne de compte ou de négociation. **»**

Jean-Marie

**« ** À un moment, j'ai choisi le salaire. Au moins, il y avait un critère objectif. Je ne voyais pas pourquoi j'aurais choisi la voie qui paye le moins. J'ai compris assez vite que la seule reconnaissance (valeur) que l'on peut avoir en entreprise, c'est le salaire et rien d'autre. Sinon, tu es un larbin. **»**

Laetitia

**« ** Je préfère entrer dans une entreprise par la petite porte, montrer ce que je sais faire, ce dont je suis capable (et prêt à faire) et, seulement après, discuter vraiment de salaire. Mais ça coince toujours à ce niveau. **»**

Inode

**« ** Ma motivation a toujours été l'envie de découvrir et d'apprendre de nouvelles choses, de relever des défis, de me dépasser. L'argent a toujours été secondaire. **»**

Renarde20

**« ** Pour la sauvage que je suis, qui ne supporte ni le bruit ni les conversations futiles et autres enfantillages, le profil des salariés, leur nombre, l'ambiance au travail sont des facteurs très importants. Si un job est en complète autonomie, c'est déjà à moitié gagné ! Le salaire n'entre pas autant en compte dans ma décision, mais je m'assure tout de même qu'il est suffisant pour vivre un minimum. **»**

Solange

Cela dit, les surdoués peuvent être parfois, eux aussi, très sélectifs quant aux annonces. Certains vont par exemple refuser de postuler quand un travail ne correspond pas à leurs valeurs : « Je cherche à travailler pour une entreprise qui ne se fait pas du fric sur le dos des gens » ou « Je cherche une organisation dans laquelle les patrons ne sont pas tous pourris ». Or, par définition, une entreprise doit faire du profit pour se développer.

Ce besoin d'absolu presque naïf, cette intransigeance qui cache une vraie crainte de gommer son identité, constitue malheureusement le meilleur moyen de rester durablement hors du marché du travail. Certes, tout est question de méthode et d'éthique, mais pour ce grand idéaliste qu'est le surdoué, c'est souvent tout ou rien…, ce qui le conduit, à plus ou moins brève échéance, à occuper des postes où il ne fait que survivre ou à toucher les minima sociaux.

## LES DIFFÉRENTIELS DE REPÈRES

*« Ce n'est pas tant que vous fassiez des choses avec talent, c'est ce que les talents vous font. Les aptitudes, quelle que soit leur importance, ont un impact psychologique, social et même philosophique très fort »*

Hank Pfeffer, « De la difficulté d'avoir trop d'aptitudes »,
The Mega Society

L'étape du recrutement franchie, le quotidien du surdoué en entreprise peut commencer. Tout ce qui a pu passer inaperçu de sa personnalité au cours de l'entretien est alors susceptible de devenir une source de décalage grandissante avec le temps…

Ce décalage de discours et de perceptions qui existe entre surdoués et non surdoués a un impact fort sur les relations personnelles qu'ils vont entretenir. Il est à l'origine de toutes ces remarques qui deviennent si rapidement des grands classiques à l'égard des surdoués de la part de ceux qui ne le sont pas : « *trop* », « *tu te disperses* », « *va moins vite* », « *mais pour qui te prends-tu ?* », « *tu ne peux rien faire comme tout le monde ?* », « *laisse parler les autres !* », « *ça n'a rien à voir !* », « *tu es ingérable* ».

Déjà présentées, intensité, complexité et dynamique personnelle forment la base de ce décalage et créent des repères différents. Par exemple en ce qui concerne la sensibilité à l'environnement, ce qui est parfaitement « normal» pour la plupart peut vite tourner à l'intolérable pour un surdoué – tels le bruit, la chaleur, la luminosité et le mouvement dans les open space.

Frans Corten, coach hollandais qui a beaucoup écrit sur le sujet des surdoués au travail, appelle les surdoués les «canaris de la mine», à l'image de ces oiseaux que les mineurs emportaient au fond de la mine et dont la mort signalait la présence de gaz et l'urgence d'évacuer.

## Différences d'intensité

L'intensité, nous l'avons vu, relève d'une réalité neurophysiologique : avoir plus de neurones conduit à plus de réactivité, conséquence purement physiologique. Chacun réagit à sa façon et il n'y a pas deux façons identiques de réagir, mais le surdoué réagit plus, avec une intensité hors norme, alors même qu'il est persuadé que les autres réagissent comme lui (avec la même intensité).

Cette intensité se manifeste dans sa puissance de travail – à en oublier le temps et les autres –, dans sa réflexion, dans ses émotions, dans la vivacité de son regard qui peut perturber l'autre (une amie parlait de scanner à la place des yeux). Jusque dans l'humour et le sens de la répartie, le surdoué sait être intense, à en mettre verbalement son interlocuteur KO.

L'intensité concerne tous les aspects de la vie quotidienne du surdoué, vite qualifié d'«excessif» ou de «trop». C'est quelqu'un qui prend de la place, qui occupe de l'espace – jugement qui concerne même les plus introvertis des surdoués, à leur grande surprise –, tout simplement parce qu'il se fait remarquer en ne faisant pas (en n'étant pas ?) «comme les autres». Il est à fond dans la créativité et dans les émotions.

Bien évidemment, cette différence d'intensité entre le surdoué et les autres aboutit à un décalage et à des malentendus plus ou moins graves, car la société tolère mal ce qui n'est pas dans la norme et préfère ce qui est dans la moyenne – ni trop, ni trop peu –, lissage qui évite les extrêmes si difficiles à gérer.

Les retours qu'on lui fait étant négatifs, le surdoué va se remettre en cause et chercher ce qui ne va pas chez lui, ce qu'il lui faut corriger. S'il ne comprend pas ce qui se passe, il risque fort de passer sa vie à tenter de s'adapter aux attentes des autres, évidemment en vain. Étant simplement « hors norme » (vision technique), il a tôt fait de se croire anormal (vision pathologisée). Être surdoué, c'est une façon d'être et de faire.

**❝** J'ai passé deux semaines à faire le boulot de trois, le cerveau en ébullition permanente, et je me suis éclaté : il va falloir que je trouve autre chose à faire pour m'occuper. Il m'arrive parfois de faire des trucs qui me paraissent triviaux et de voir les gens se pâmer comme s'ils avaient vu la sainte Vierge. Bref, soit j'ai affaire à une bande d'hypocrites (option la plus probable), soit je n'ai pas encore appréhendé la totalité de mes capacités (ce qui n'est pas incompatible). **❞**

Cynorhodon

**❝** Je prouve rapidement que je suis meilleure que les autres dans mon boulot et, sincèrement, ça m'est égal. Malheureusement pour moi, mes patrons, eux, s'en soucient fortement. Ils ont peur ou alors sont complètement ravis. En France, il m'a été demandé de ralentir mon rythme de travail pour que la direction ne croie pas que tout le monde pouvait travailler aussi vite que moi. **❞**

Solange

**❝** Je vais vite. Trop vite pour eux. Ce mode de raisonnement intuitif ne l'est pas pour tous. De toute façon, celui qui raisonne trop "en séquentiel" n'arrive pas à suivre. Il est largué. **❞**

Jean-Claude

**❝** Dès que cela me demande des efforts, je ne fais rien… Ou je fais, avant de partir très très vite. **❞**

Armelle

**❝** En rejoignant ma nouvelle entreprise, j'ai augmenté mon salaire, trouvé des collègues ayant un meilleur niveau technique, mais toujours des tâches inintéressantes. Actuellement, je dois travailler trois à quatre heures par jour. Je songe à monter une entreprise, mais au fond de moi, je sens qu'il s'agit plus d'une idée pour me faire supporter la vie active qu'un vrai remède. **》**

Alex

**《** Au début de ma carrière, les plans, dessins et mises au net m'ennuyaient au plus haut point, et je n'étais pas du tout plus rapide que les autres, voire moins rapide parfois, à cause de mon perfectionnisme. Mais je résolvais facilement et rapidement ce que d'autres considéraient comme invraisemblablement complexe. Cela fut une grande aide pour moi quand j'ai eu une équipe. Je dirigeais en permanence au moins deux projets à la fois. Les gens de mon équipe m'appelaient "l'homme aux deux cerveaux". **》**

Givré

**《** Je suis reconnue unanimement comme une bosseuse, alors que j'ai toujours l'impression d'être à 20 %. Sur plusieurs postes après mon départ, on m'a remplacée par deux ou trois personnes. **》**

Laetitia

**《** Personne à ce jour au labo n'est capable de suivre simultanément toutes les manips que je réalise en une journée ou une semaine. Quand je développe de nouveaux protocoles ou expérimentations, je peux, de l'extérieur, avoir l'air de buller ; mais, dans mon cerveau, toutes les pièces sont en train de se mettre en place, la méta-analyse de toutes les données est en travail de fond, alors même que j'enchaîne des parties de solitaire sur mon ordinateur. **》**

Renarde20

**《** Lors de mes différents postes en infogérance, je passais environ 6 heures sur 8 à surfer sur Internet car j'avais expédié le boulot en 3 coups de cuillère à pot. En plus, le client était content car je lui faisais des inters qui n'étaient pas prévus, avec célérité et efficacité. **》**

Le Loup

## Différences d'approche

Les différences physiologiques cérébrales donnent au surdoué une capacité accrue de perception, de traitement et de mémorisation de l'information, tant en termes de quantité que de rapidité. Mais comment celui qui dispose de cette différence peut-il le savoir, si personne ne lui fait remarquer (comprendre et accepter!) la singularité de ces capacités et les performances qu'elles induisent?

Comment le surdoué peut-il imaginer «jusqu'à quel point» il est différent? Comment peut-il comprendre que ces «simples» capacités accrues constituent le fondement de son mode de fonctionnement singulier, qu'elles sont à l'origine de ce sentiment permanent d'être différent et de se sentir rejeté par la société en général? Comment peut-il savoir que ces surcapacités font tourner son cerveau en permanence, au point qu'il cherche sans cesse le bouton «off» pour le mettre au repos?

❝ Je crois qu'ils ne savent pas trop comment me prendre et ont du mal à me cerner, à me mettre une étiquette. Je croyais que c'était à cause de mes origines asiatiques et de mon parcours atypique, mais je commence à me demander si ce n'est pas autre chose. ❞

Inode

❝ Ils sentent que je n'adhère pas à leur "système" : à chaque fois, je mets le doigt où ça fait mal. En plus, je ne fais jamais ce qu'on me demande et je ne fais pas non plus semblant de croire que ceux qui ne servent à rien me sont d'une quelconque utilité, qu'ils aient dix ans d'ancienneté ou pas. Je les zappe tout simplement pour avancer et ça les vexe. En plus, je fais des trucs bizarres, comme ne pas manger avec les autres le midi et refuser de dire à mon chef qu'il est beau… ❞

Laetitia

❝ Ils ne comprennent pas "comment je fais", ni ce qui me motive. En plus, je risque de les brusquer en ayant des raisonnements qui, de prime abord, leur semblent étranges, voire stupides. Le problème principal de mon mode "intuitif + arborescence" est qu'il est difficile à communiquer et transmettre si on ne partage pas ce mode de pensée comme base commune. Par ailleurs, ils n'aiment pas les gens qui sont forts intérieurement et qui font montre d'une trop grande indépendance (donc difficiles à manipuler). Je suis incasable, donc incontrôlable. Tout ce qui n'est pas manipulable est perçu comme dangereux. **》**

Jean-Claude

Du point de vue d'un non-surdoué, c'est quand même très agaçant de voir quelqu'un réussir tout ce qu'il entreprend, qui est tout de suite bon dans n'importe quel domaine, alors que lui-même n'arrive à ce résultat qu'après de nombreux efforts, quand il y arrive ! C'est vexant de s'entendre dire « c'est facile », donc de se sentir renvoyé à ses limites et à ses faiblesses par quelqu'un qui fait mieux et sans effort. Il est alors tentant pour le non-surdoué de conclure que le surdoué n'a pas « plus », mais qu'il est « trop », ce qui est un vrai jugement de valeur.

Mauvaise compréhension des objectifs généraux des uns, des exigences des autres, des attentes des uns et des autres, le malentendu est permanent. Par exemple, si l'on demande à un surdoué de rédiger une synthèse en une page, la synthèse y sera, mais avec quelle précision : chaque mot écrit en implique quinze autres, et le texte final est trop compliqué au goût d'un non-surdoué…

Les mises au point sont régulières parce que le surdoué ne fait pas ce qu'on lui demande, alors que lui ne comprend pas pourquoi les autres ne comprennent pas ou interprètent ce qu'il dit. Du côté du non-surdoué, le malentendu plane aussi : la demande lui semblait pourtant simple, mais voilà que son collaborateur (surdoué) soutient une solution alambiquée et/ou « à côté de la plaque », en jurant ses grands dieux que c'est ainsi qu'il avait compris le problème.

## Différences de synchronisation

Les différentiels de repères entre surdoué et non-surdoué portent aussi sur l'habillement, le choix des divertissements, les sujets de causette autour de la machine à café ou à la cantine…, évidemment aussi sur l'utilisation du temps.

Le temps est une variable très particulière chez le surdoué, qui n'est jamais synchrone avec son environnement ou, plus exactement, qui ne se montre jamais synchrone avec son environnement.

On reproche au surdoué, soit d'aller trop vite – en cause sa rapidité d'acquisition et de traitement de l'information, sa capacité d'anticipation –, soit d'être trop lent – en cause son perfectionnisme ! On désapprouve sa façon de travailler par à-coups ou de se disperser, d'être sur un sujet alors qu'il est attendu sur un autre, ou encore de ne pas travailler. C'est vrai qu'il finit plus vite que les autres ce qu'il entreprend, mais aussi qu'il a besoin de mûrir sa réflexion avant de passer à l'action et qu'il en profite alors pour s'atteler à autre chose, voire pour s'absenter de son bureau.

> **«** Je suis comme un diesel : lent au démarrage, à cause de la dispersion (il me faut du temps pour "faire le tour" d'un sujet ou d'une question). Mais quand le moteur est chaud, alors je deviens un bourreau de travail limite obsessionnel… En temps total, je suis plus "lent" (il me faut plus de temps au total que certains) ; par contre, je vais plus loin, plus profond, plus dans les détails. **»**
>
> Jean-Marie

Pour l'entreprise, aller au même rythme que « tout le monde » est un gage de cohésion sociale. Or c'est un implicite que le surdoué vit mal, même quand il se sait surdoué : pourquoi s'épuiser à perdre du temps à ne rien faire ou, au contraire, à s'occuper, juste pour l'apparence ? Pour lui, c'est épuisant et insensé et il n'arrive pas à se faire à l'idée que les autres ne vont pas aussi vite que lui, qu'ils tâtonnent et qu'ils ont besoin de franchir chaque étape pour comprendre les enjeux des suivantes ?

La gestion du temps sur le fil est une façon de se challenger pour le surdoué, qui ressemble parfois au lièvre des Fables de La Fontaine. Quand il est si facile de faire, quand on sait qu'il suffit d'un petit coup de collier pour arriver à l'objectif, le surdoué trouve toujours un sujet intéressant qui vient se mettre en travers de son chemin et le distraire de sa tâche initiale. La tentation est grande de musarder : « J'ai le temps », « J'ai encore le temps »… Parfois, c'est son perfectionnisme pathologique qui l'empêche de terminer ce qu'il a entrepris.

Dans tous les cas, le process est le même : le surdoué ne fait preuve d'aucune linéarité ! Projet à réaliser, papier à rendre, mission à terminer à une date donnée avec production d'un résultat précis…, il éprouve d'abord une impossibilité viscérale à se mobiliser à l'avance, puis à progresser réguliè- rement vers l'objectif. Ce n'est pourtant pas l'envie ni les bonnes intentions qui lui manquent, mais c'est plus fort que lui : le surdoué ne sait se mettre à la tâche qu'au dernier moment.

Pour une raison obscure, le surdoué est clairement plus efficace sous la pression, quand son cerveau se met en mode efficacité/focalisation et intensifie sa vitesse de traitement, qualité à l'appui. La réalité, c'est que tout le temps passé à apparemment ne pas travailler sur un sujet est du temps consacré à mûrir sa réflexion en tâche de fond.

Selon son estimation toute personnelle du temps à peu près nécessaire pour remettre un travail – soit un « certain temps » –, le surdoué se mettra au travail avec une focalisation maximale, quitte à faire charrette pour remettre son travail à l'heure… Et il y a fort à parier que le travail remis ira au-delà de ce qui était attendu.

Acceptable si le surdoué travaille seul, ce mode opératoire inquiète les autres membres de l'équipe qui n'y voient que dispersion et manque d'inté- rêt pour l'objectif et l'échéance. C'est insupportable et incompréhensible pour tous ceux qui avancent de façon séquentielle et, surtout, visible ! Combien de managers attentifs à la bonne marche de leur équipe (temps de présence, avancement des dossiers) sont capables d'accepter ce mode de fonctionnement ? De son côté, le surdoué hurlera au micromanagement s'il est rappelé à l'ordre parce qu'il n'a pas « fait comme tout le monde » et qu'il s'est « dispersé ».

Polyvalent et souvent bienheureux touche-à-tout, fuyant l'ennui dans le recours au développement de plusieurs activités en parallèle, le surdoué a bien souvent droit à la remarque « Tu te disperses trop », qui s'accompagne évidemment de cette autre : « Tu ne finis jamais ce que tu commences ». Ainsi, le surdoué détonne en entreprise, où finir ce que l'on a commencé est le signe d'une bonne santé professionnelle et financière, car l'on peut facturer et faire rentrer de l'argent !

**«** Pour moi, la remarque a été déclinée en "Concentre-toi sur les sujets importants". Une façon de dire "C'est bien gentil de t'intéresser à des questions fondamentales ou à comment améliorer les choses, mais pour l'instant ce qui existe suffit pour nous faire gagner de l'argent. On fait du business : on a besoin d'un pitch (baratin de vente) pas d'une thèse". **»**

Jean-Claude

**«** *"Se disperse trop ?" This is the story of my life!* **»**

Cynorhodon

**«** La dispersion, c'est ce qui est le plus difficile à corriger en ce qui me concerne. **»**

Papy

Le surdoué qui s'ignore éprouve une certaine culpabilité à fonctionner de façon aussi singulière. Il ressent pourtant beaucoup d'impatience, voire d'intolérance, envers ceux qui n'ont pas la même rapidité que lui pour réaliser un travail : ceux qui ont besoin de s'organiser longtemps à l'avance et de se concentrer un maximum pour produire un résultat que le surdoué estime de qualité minimum. Quand on compare le degré de concentration entre surdoué et non-surdoué, il est loin d'être identique – la quantité d'informations absorbées et brassées est bien plus importante et profonde chez le surdoué –, et même le rendu final diffère.

Très souvent ce qu'un surdoué trouve de médiocre qualité paraît plutôt d'un bon niveau pour un non-surdoué. Il ne s'agit ni d'arrogance ni de fausse modestie de la part du surdoué, c'est plutôt là encore une question de différentiel de repères.

Enfin, la capacité du surdoué à se projeter dans le temps et dans l'espace est proportionnelle à sa capacité à mémoriser. Mémorisation puissante et habileté à appréhender la complexité lui permettent de percevoir immédiatement les implications futures d'une action ou, à l'inverse, loin en arrière, la chaîne des événements qui sont à l'origine de la situation présente. Se projeter dans le temps, passé ou avenir, donne au surdoué une vision globale, « stratosphérique ».

S'il lui est difficile de se mettre à la même hauteur de vue que le surdoué, le non-surdoué a encore plus de mal à comprendre la vitesse et la profondeur avec lesquelles ce dernier se projette. Le surdoué saisit vite ce que doit être la solution du problème ou l'objectif ultime, bien au-delà de l'horizon commun, et ce, au risque de heurts avec son entourage dont l'horizon est à plus courte vue et qui est, en outre, moins agile à saisir en un clin d'œil les tenants et aboutissants complexes.

Enfin, la capacité à travailler en temps compressé et en tâches parallèles (puissance de travail et efficacité cognitive) est une facilité que le surdoué ne saisit pas toujours, puisqu'il le fait de façon naturelle : il s'étonne même qu'on le regarde avec surprise quand il annonce qu'il lit une demi-douzaine de livres en parallèle.

**❮❮** Je fais en 2 heures ce que tout le monde fait en 8… Mais je fais de la surqualité et je perds 8 heures supplémentaires à faire des trucs que personne n'aurait faits. J'ai longtemps pensé que je travaillais très lentement. **❯❯**

Myl

**❮❮** Vers la fin du projet, il fallait qu'on fasse un travail spécifique. J'ai fait ma partie en une journée. Le projeteur qui s'occupait de l'autre partie s'est fait remonter les bretelles car il avait mis plus d'une semaine. Maintenant, quand le même schéma de travail survient, je ralentis ; l'autre ne se fait pas réprimander et il risque moins de m'en vouloir. **❯❯**

Inode

La réalité, c'est que le surdoué est capable de travailler bien plus vite que n'importe qui, avec un rendu meilleur et une véritable originalité de pensée, allant parfois jusqu'à améliorer certains process pour en décupler l'efficacité. C'est un véritable atout pour l'entreprise, mais cette facilité en agace et en inquiète plus d'un qui ne saisissent pas cette façon particulière de fonctionner.

Quand les malentendus entre surdoué et non-surdoué s'additionnent, le ressentiment augmente. Pour chacun, il est « évident » que l'autre refuse de comprendre.

**❝** Trois ans pour piger un truc simple. C'est un bordel sans nom, où tout le monde souffre, et ça leur va ! Suffirait de régler un peu à gauche, un peu à droite, mais non ! Zéro vision, zéro réflexion, mais leur petit ego satisfait ! Je leur avais bien dit ! **❞**

Laetitia

**❝** Lorsque je soumets un problème, je me vois souvent rétorquer que ce n'est rien, que je me prends la tête pour pas grand-chose. Généralement, peu de temps après, je dois faire plein de choses en catastrophe, car le problème que j'avais évoqué était en lien avec d'autres. **❞**

Inode

**❝** Il y a 15 ans, ne pas se faire écouter me mettait les nerfs en pelote ; aujourd'hui, je ne cherche même plus à me faire écouter, je les laisse se planter. **❞**

Le Loup

Découlent de ces décalages deux autres inconvénients qui pèsent sur les relations d'équipe : la difficulté du surdoué à travailler en groupe et celle à déléguer (il est plus rapide de faire soi-même et trop long d'expliquer ce que l'on veut aux autres qui risquent, en plus, de mal faire). Or, le travail d'équipe est une capacité valorisée par l'entreprise : la performance solitaire passe plutôt mal.

De même, « faire des efforts » étant une vertu valorisée par l'entreprise, c'est tout naturellement que « faire instinctivement et sans effort » son travail devient quelque peu répréhensible et affecte la légitimité que le surdoué se reconnaît : réussir sans (grand) effort n'est plus vraiment réussir et il est embarrassé à l'idée de devoir se reconnaître un quelconque mérite.

Conscient de ses limites, le surdoué s'efface pour laisser la place à d'autres, moins compétents mais plus assertifs. C'est le « syndrome de l'imposteur » – on ne se reconnaît aucun mérite personnel dans ses réussites – croisé avec l'effet Dünning-Krüger – les incompétents sont trop incompétents pour comprendre qu'ils le sont et pour apprécier plus compétents qu'eux.

**❮❮** J'avançais avec, toujours, ce regard en arrière en me demandant comment j'avais encore franchi une étape sans que personne ne se rende compte de la supercherie… Il aura fallu ce test de QI pour finalement intégrer (et j'y travaille encore) ma manière de fonctionner et comprendre, objectivement, que j'avais manifestement des capacités "singulières". **❯❯**

Jean-Marie

Au final, le surdoué qui s'ignore sait bien que «quelque chose ne va pas» et il cherche souvent à s'améliorer. Les livres et les articles sur Internet ne manquent pas sur le sujet pour l'aider à progresser personnellement et lui proposer une façon d'avancer «comme il faut». Toutefois, comme il est si différent des autres, le manque de repères communs biaise sa perception et rend complexe la mise en œuvre des conseils. L'intensité et la complexité sont au cœur de ce décalage inexplicable.

**❮❮** Il y a des choses qui me paraissent si évidentes que je ne comprends pas qu'ils ne comprennent pas. Par contre, des fois, c'est l'inverse. On ne doit pas vivre sur la même planète. **❯❯**

Inode

**❮❮** Je les perds dans mes logiques. Ils sont à la dérive dans notre relation, ils ont perdu le fil. J'en suis responsable. **❯❯**

Armelle

**❮❮** Je suis hyperefficace dans certains domaines qui paraissent difficiles aux autres. À l'inverse, d'autres domaines, simples pour eux, me sont étanches. **❯❯**

Renarde20

## Différence de pensée

Le différentiel de repères va se nicher jusque dans la loyauté à l'organisation.

La grande majorité des gens ont besoin d'un cadre, parce qu'ils savent l'importance protectrice d'appartenir à un groupe soudé autour de valeurs et règles communes. Ce n'est pas le cas du surdoué.

Chez celui-ci, le doute permanent appelle le besoin de comprendre la logique des choses, leur sens. Il lui est impossible d'obéir simplement à une injonction, surtout s'il n'y voit pas de sens ou d'intérêt. Cette capacité à penser hors du cadre, à remettre en cause les règles, est *de facto* un facteur de fragilisation du groupe. Même si le surdoué jure ses grands dieux de son engagement pour l'organisation et de sa volonté d'en améliorer les performances, personne ne le croit.

**❰❰** J'aime les règles et les respecter, mais je n'aime pas les règles stupides. Je ne les respecte pas, ce qui me coûte beaucoup d'argent et d'énergie psychique. **❱❱**

Armelle

**❰❰** Les règles stupides, qui ne visent qu'à rassurer ceux qui les édictent et les mettent en place, leur permettent de rester dans le connu pour éviter d'aller dans l'inconnu, leur donnent une illusion de professionnalisme quand ils n'en ont pas les moyens. Ils n'ont en fait d'autre ambition que de reproduire ce qui existe déjà. **❱❱**

Gabriel Fouquet

**❰❰** Je n'aime pas l'autorité, surtout si les ordres donnés sont d'une affligeante stupidité ou d'un hallucinant illogisme. **❱❱**

Solange

**❰❰** Prendre le contre-pied a toujours été pour moi une source de jouissance. Je crois que ce n'est pas juste un esprit de contradiction, mais une vraie posture contre la pensée unique ! **❱❱**

Catherine

**❰❰** On ne me demande jamais de rentrer dans le rang, car j'ai souvent l'air d'y être : je déteste les conflits, mais ma pensée reste subversive et, sous mes apparences tranquilles, il est très difficile de me faire faire ce que je ne veux pas faire. **》**

Jed

**《** Je ne comprends même pas le sens ou la logique des règles qui s'imposent à moi. Alors je tente d'exécuter comme une machine, souvent sans grand succès puisque je ne comprends rien. La stupidité n'est pas le principal problème : c'est l'absurdité, le non-sens, l'insensé. **》**

Florian

## UNE CRÉATIVITÉ COMPULSIVE

*« La créativité d'un groupe de singes peu évolués est égale à celle de ses dominants. Alors que chez les plus évolués, comme les chimpanzés, elle est la somme de la créativité de tous ses membres. »*

Marie Muzard[1]

Les capacités importantes d'acquisition, de traitement et de stockage de l'informations que possède le cerveau d'un surdoué sont à la base de sa créativité. Elles facilitent les rappels de mémoire, permettent des analogies fines et l'élaboration de connexions complexes entre mots, formes, sons, odeurs, ressentis (intellectuels et tactiles), symboles, images, flashs, images de film, bruits…, et même des mises en perspective d'époques historiques différentes. Pas étonnant que le surdoué puisse avoir du mal à formuler ses idées clairement, tant l'afflux d'informations et le nombre de connexions sont volumineux chez lui !

Il en résulte qu'il recourt très fréquemment à des métaphores (par exemple, « la vie est un voyage »), qui s'illustrent par des rapprochements surprenants facilitant la compréhension de phénomènes complexes, la conceptualisation par transposition d'un domaine à l'autre.

Être créatif ne signifie pas être génial en permanence. La créativité, c'est être capable de faire du lien entre des objets et/ou des concepts et d'apporter

---

1. *Ces grands singes qui nous gouvernent*, Albin Michel, 1993.

de la valeur ajoutée (en détournant un objet de sa fonction initiale, par exemple). C'est ce que fait le surdoué.

Pour Mihaly Csikszentmihaly[1], le créatif a un système nerveux particulièrement sensible à la nouveauté qui active les centres du plaisir. Il est ouvert à l'expérience, sensible à la complexité, autant capable d'introversion que d'extraversion, et peut se focaliser volontairement sur un sujet tout en démontrant le plus grand calme. En un mot, il est inclassable. Et d'inclassable à ingérable, il n'y a qu'un pas ! Tout comme l'est le surdoué qui possède les caractéristiques décrites par Csikszentmihaly.

**《** Que l'on m'affirme que "Non, ce n'est pas automatisable", et je suis capable, en une heure de temps, de montrer mon script qui automatise le truc. **》**

Alex

**《** Parfois, quand on me confie une tâche, surtout si je la trouve sans intérêt, je commence à imaginer un programme qui fera le travail à ma place. Au final, le travail est toujours fait dans les temps, avec ou sans mon programme. Et parfois, si le programme n'est pas trop complexe, il est terminé aussi. **》**

Inode

Dans la créativité, il existe deux mécanismes :

- **Le déficit d'inhibition latente** qui est l'incapacité à faire le tri entre les stimuli pour ne retenir que les plus importants et/ou les plus pertinents : le cerveau ne sait pas prioriser les informations dont la personne est en permanence bombardée, il traite et engrange toute donnée (simple ou complexe).

  Avantage : au moment où l'on en a besoin, une information venue de l'on ne sait où s'insère parfaitement dans le flot de celles qui viennent construire l'architecture du raisonnement.

---

1. Son ouvrage de référence, *Flow*, traite de la psychologie de l'expérience optimale, qui permet de ressentir un état particulier de bien-être quand on est au mieux de sa concentration.

Inconvénient : un surdoué aux sens hyperdéveloppés en ressentira une fatigabilité accrue et, dans cette masse qui déferle, aura de la difficulté à prioriser les plus importantes des informations et à en tirer un fil directeur clair ; ce qui porte atteinte à la crédibilité de celui qui cherche à exprimer ses idées…

- **La divergence.** Tout le monde sait diverger, laisser filer ses idées à partir d'un thème central. C'est d'autant plus vrai chez le surdoué : il déploie plus vite (en feu d'artifice !) plus de branches principales avec plus de sous-niveaux, jusqu'à avoir l'air « hors sujet ». Il est pourtant toujours bien dans le sujet, mais il passe par des relations de cause à effet qu'une autre personne qui fait moins de liens ne saisira pas.

Parfois, il admet ne plus savoir où il en est, quand la surface de l'arborescence lui fait perdre le fil de sa réflexion. Et quand vient l'étape de **la convergence**, qui consiste à se recentrer sur le sujet, le surdoué connaîtra souvent des difficultés, car la construction étape par étape qui permet d'y revenir n'est pas innée chez lui. Sa vision à partir de laquelle il identifie un fil directeur est plutôt « brownienne » : il « voit » devant lui une multitude d'informations de toutes natures qui s'entrechoquent. C'est aussi pour cela qu'on dit de lui qu'il « manque de méthode ».

Un exemple ? Pour produire un document structuré, la méthodologie classique consiste à construire un plan, une table des matières, puis à rédiger. Le surdoué, lui, est plus à l'aise en listant d'abord une nébuleuse d'informations qu'il va architecturer progressivement pour, au final, en dégager le plan qui lui convient. Ce mode de fonctionnement n'est pas gênant en soi. Toutefois, si le surdoué est amené à travailler en groupe, il va se heurter systématiquement au mode étape par étape des autres.

La créativité du surdoué n'est pas seulement artistique : une réparation de fortune ou un dialogue mal parti qui finalement tournera au consensus en est aussi le fruit, de même sa capacité à pouvoir se mobiliser fortement pour résoudre un problème en un temps très court. Cela induit, en filigrane, que sa créativité est associée à sa capacité à prendre des risques.

La résolution de crise est aussi le propre du surdoué, qui se retrouve facilement dans le rôle de pompier, celui qui éteint les feux que d'autres ont allumés. Parce qu'il est capable de gérer l'urgence, on prend assez vite l'habitude de s'adresser à lui pour une tâche ou une mission qui arrive au dernier moment, parce qu'on est certain qu'il saura la réaliser et vite.

**«** Ma petite expérience professionnelle m'a montré que les entreprises abusent des personnes comme nous, capables de faire en une journée ce qu'une personne fait habituellement en une semaine. Je préfère définitivement passer pour un flemmard. [...] Dans mon ancienne société, mon rôle était exactement celui d'un pompier. Cela m'a écœuré du monde du travail : heures supplémentaires non payées, aucune augmentation de salaire en trois ans, aucun remerciement. Je suis toujours amusé de mon remplacement par trois personnes. **»**

Alex

**«** S'il m'arrive de me faire avoir quand on me demande un service ? Presque à chaque fois. Et, bien que je peste, cela recommence systématiquement la fois suivante. **»**

Inode

**«** On m'a fait faire des heures pas possibles, coupé mes vacances, mes pauses, rajouté des heures supplémentaires... Et j'ai encore rarement la force de dire non. **»**

Solange

**«** Je suis clairement identifiée comme une fille bosseuse, fiable et qui peut prendre en charge toutes sortes de missions, y compris en mode pompier... Mais je suis demandeuse de ce type de mission commando. **»**

Catherine

**«** Il m'arrive d'être sollicité au dernier moment pour une mission de type impossible, mais, en général, je me propose avant qu'on me le demande. **»**

Myl

Ce n'est pas tant le plaisir qui fait dire « oui » à un surdoué, que sa loyauté. Il aura beau affirmer que le travail est excessif, qu'il n'aura pas le temps, qu'il ne pourra jamais le faire…, il le fait quand même, tant il a conscience des enjeux de la demande et tant il éprouve une inquiétude de mal faire, associée à celle de se faire mal voir. Il faut vraiment disposer d'une bonne estime de soi (rare chez un surdoué) pour refuser de se laisser embarquer dans une aventure périlleuse, dont le succès ne sera bien souvent même pas salué.

Cela dit, la créativité, tout comme l'intelligence, n'est pas le propre du seul surdoué, avec toutefois une différence de taille entre un créatif surdoué et un créatif non surdoué. Le créatif non surdoué invente dans les limites du concevable pour les autres, ne courant que le risque de se tromper. Le surdoué, lui, va au-delà des normes convenues, propose une rupture au risque non seulement de se tromper, mais surtout d'être incompris.

Le surdoué apparaît alors dangereux, car il oblige les autres à arpenter l'inconnu. Il provoque inquiétude et inconfort, heurte le conformisme cognitif en remettant en cause les cadres traditionnels et la cohésion sociale qui lui sont attachés (tout comme Dyson dont l'aspirateur a ruiné la rente que représentaient les sacs pour les constructeurs, ou Free avec sa vision de l'accès à Internet…, des créatifs qui, avec leur modèle novateur, ont mis en péril des univers stables).

Quand chacun demande « Pourquoi ? », le surdoué rétorque « Pourquoi pas ? » Il challenge les autres et les traditions, bouscule les *statu quo*, fait appel à des idées folles venues d'on ne sait où, comme s'il voyait ce que les autres ne pouvaient pas voir.

Le surdoué est un créatif permanent. Sans qu'on le lui demande, juste parce qu'il veut effectuer sa mission au mieux, il la repositionne dans un contexte plus large que celui de son organisation et en analyse les tenants et les aboutissants. Avec sa vision globale, il identifie les points clés de blocage et réfléchit à ce qui peut améliorer la situation. Convaincu que les orientations qu'il met en avant sont bonnes pour l'organisation, il n'imagine pas un instant que c'est aussi un changement qu'il propose. Or la résistance au changement est l'une des grandes caractéristiques de l'entreprise stable, corps social qui, au nom de la «culture d'entreprise» (de la cohésion d'équipe), favorise le conformisme cognitif.

En voulant bien faire son travail, le surdoué est un spécialiste pour imaginer «ce qui pourrait être», faire des propositions, trouver des idées…, autant d'initiatives qui apparaissent sur l'instant peu à propos et dont l'immédiate répercussion est de susciter la jalousie des autres et d'inquiéter la hiérarchie.

## L'IDÉALISME ET LE PERFECTIONNISME

Les grandes idées ne sont grandes que si elles sont reconnues comme telles.

Des tréfonds du cerveau droit (siège de la vision globale et de l'intuition), émerge la perception de «ce qui pourrait être», qui devient vite «ce qui devrait être». «Ce qui pourrait être» est notre guide à tous et donne du sens à nos actions. Cette vision qui nous habite fonde notre dynamique personnelle, notre objectif, nos valeurs. Quand ces dernières sont maltraitées, l'intensité des émotions ressenties déclenche une anxiété insupportable. Alors nous nous rattachons à «ce qui devrait être» pour nous rassurer.

Cette situation est encore plus vraie chez le surdoué, idéaliste passionné, affamé de justice, que son sens moral extrême place du côté des incorruptibles, ceux que ni l'argent ni les honneurs ne détournent de leur mission… Je ne dis pas que le surdoué est un «Bisounours» naïf, qui ne sait pas faire de mal aux autres. Son idéalisme le rend intransigeant et cassant. Quand il veut défendre «ce qui devrait être», sa flexibilité intellectuelle s'efface et il ne faut pas sous-estimer sa violence : il peut devenir alors un vrai doctrinaire, capable de passer à la moulinette toutes les idées qui s'opposent à la sienne, certaines irrévocablement disqualifiées par son esprit critique.

L'intransigeance du surdoué peut même le faire s'opposer à sa hiérarchie, s'il juge que celle-ci ne respecte pas les intérêts de l'entreprise. La conception qu'il a de son poste dépasse largement son seul métier. Sauf exception, il n'a pas choisi sa carrière pour une simple question alimentaire : il a donc «une haute idée de sa fonction» ; ce qui fait qu'on lui renvoie parfois un

« Mais pour qui vous prenez-vous ? », d'autant plus violent que son poste se situe en bas de la hiérarchie.

Incidemment, l'intégrité s'accompagne d'une volonté de transparence – ne pas cacher ses actes ni ses intentions –, une faiblesse que certains savent utiliser, mais qui est d'autant plus handicapante que l'on est isolé socialement, ce qui est le lot de nombre de surdoués.

À l'idéalisme, faut-il rattacher le perfectionnisme ? Pour partie, vraisemblablement. Le surdoué se met la pression tout seul pour atteindre un objectif qui correspond à l'image idéale de lui-même qu'il souhaite atteindre. Cette attitude s'accompagne en général du besoin de tout maîtriser jusqu'au moindre détail, pour juguler l'anxiété de ne pas arriver à « ce qui devrait être ».

Lâcher prise, il ne sait pas ! Il apparaît tyrannique pour son environnement, alors que cette tyrannie s'applique d'abord à lui-même. La moindre faute ou virgule mal placée, un tableau légèrement incliné…, et tout son équilibre intérieur est menacé (image qui n'est pas trop forte pour une personne aussi intense). Cela explique pourquoi le surdoué préfère travailler seul et éprouve des difficultés à déléguer : il veut éviter l'inconfort d'un résultat produit par autrui, qui pourrait ne pas être « ce qui devrait être », en tout cas selon son exigence.

❰❰ "Le mieux est l'ennemi du bien." J'essaie de faire mien ce proverbe, mais j'ai beaucoup de mal ! Le perfectionnisme me pousse à bosser toujours plus, à engloutir beaucoup de temps et à en perdre beaucoup aussi. ❱❱

Catherine

❰❰ Pourquoi je n'arrive pas à "ne pas" me prendre la tête ? Pourquoi je n'arrive pas à faire comme eux, à être détaché ? Pourquoi est-ce que, malgré moi, je veux toujours que ce soit bien fait, même quand j'ai décidé de faire les choses en dilettante. Pourquoi dois-je me sentir toujours coupable de tout ce qui arrive ? ❱❱

Agafia

**«** Les postes à responsabilités qui demandaient à ce que je gère d'autres que moi m'ont fait démissionner. Seuls ceux où je gère seule mon job de "petit chef" se passent bien. **»**

Solange

**«** Le perfectionnisme est un compagnon qui devient de plus en plus insupportable au fil des années, qui t'empêche de lâcher un projet en cours, de dormir, car il ne supporte pas l'"à peu près" ! Il te fait remarquer les fautes d'orthographe, l'absence d'un bonjour ou d'une formule de politesse… Il est aussi ton indispensable ami car il est l'image de "ta" conscience professionnelle, qui t'apportera la notoriété quant à la qualité de tes créations, le succès de ta marque. Mais il pèse beaucoup aussi, car tu t'empresses d'anticiper chaque éventuelle critique de peur d'être "imparfait". **»**

Dan

**«** Je ne supporte pas que des traits qui devraient se superposer ne se superposent pas ; même si l'écart est de 0,0000001 cm, je ne peux pas le tolérer. **»**

Inode

**«** Je veux bien faire, selon mes critères et des standards d'exigence élevés. Tout ce que je fais de bien est normal, tout ce que je fais de moyen est complètement nul et me déçoit. Le doute naît de tous mes questionnements pour faire «le truc parfait». Je peux faire plus et être laborieux, cela ne gêne que moi et mon temps de sommeil… **»**

Antoine

Le corollaire à cet idéalisme est l'hypersensibilité à la critique – le surdoué ne se sent jamais attaqué sur ce qu'il fait, mais sur ce qu'il est – et un sentiment de solitude récurrent – personne ne peut donc comprendre ? –, qui peuvent dégénérer en cynisme et dépression. Le risque est aussi une fuite en avant épuisante – chaque accomplissement n'est qu'un palier vers mieux encore – ou bien une fuite dans l'ailleurs : la procrastination.

En effet, l'atteinte de l'idéal semble impossible, l'exigence d'excellence (la peur de l'échec) paralyse le surdoué, sa peur de mal faire est omniprésente. Dans tous les cas, la crainte de la désapprobation des autres est permanente. Et quand l'accomplissement est au rendez-vous, les compliments reçus se teintent d'un goût d'insatisfaction. L'insécurité est une constante chez ce perfectionniste qu'est le surdoué, et elle s'accompagne de comportements qui frôlent la compulsion (telle la vérification en détail).

Pour beaucoup, le surdoué souffre d'un perfectionnisme pathologique. Rechercher l'excellence n'est pourtant pas forcément pathologique. Avoir des standards élevés peut simplement relever d'une affirmation saine de ce dont on sait être capable.

**❝** On m'a souvent reproché d'être perfectionniste, terme parfois associé à "rigide" ou "psychorigide". Un jour, mon chef m'a dit : "Il faut que tu acceptes de mal travailler". Outre sa connotation négative, le terme de "perfectionnisme" est très difficile à définir ! Moi, j'ai une définition un peu provocatrice, mais j'y tiens : "perfectionnisme : manière dont un normo-pensant perçoit la rigueur d'un haut potentiel". Bien souvent, il me paraît impossible de faire les choses à moitié : soit on les fait, soit on ne les fait pas. Je me sens beaucoup plus gêné dans mon travail par une certaine rigidité intellectuelle, par le manque de confiance en moi, par la volonté de contrôler au maximum ce que je fais. **❞**

Florian

**❝** Le perfectionnisme est vu comme un défaut, parce que le plus grand nombre n'y tend pas et se contente de peu. **❞**

Nathalie

**❝** Les autres me voient comme quelqu'un qui râle parce qu'il faut faire les choses dans les règles. Dans mon métier, je n'aime pas que l'on bâcle. Le code d'une application se doit d'être élégant et ne rien avoir de rébarbatif… Mes exigences sont suffisantes pour ne pas avoir à reprendre tout le boulot, même si j'y gagne des reproches. **❞**

Alex

**❰❰** "Tu es trop pessimiste, pourquoi commences-tu toujours par le néga-tif ?" Ce à quoi je réponds que je suis peut-être réaliste… Mais c'est vrai que, parfois, j'aimerais voir un peu plus le positif dans les situations. **❱❱**

Gabriel Fouquet

**❰❰** Je suis mon propre maître. Du coup, je ne fais que les choses que je veux, et comme je le veux… (alors je suis une workaholic). **❱❱**

Maude Labrume

**❰❰** Pourrais-je céder à la facilité ? Je ne sais pas. J'ai tenté des trucs avec l'absolue conviction que j'allais me planter, alors qu'ils ont fini par mar-cher, à ma totale stupéfaction. Je n'avais aucune idée, et je n'en ai tou-jours pas, de mes capacités. Je sais de quoi je suis capable quand je veux quelque chose par contre : bosser dur, seule, mais demandant de l'aide qu'on m'accorde généralement, remuant ciel et terre pour atteindre l'objectif qui m'intéresse. **❱❱**

Laetitia

## La question de l'intelligence émotionnelle

*« Tout apprentissage a une base émotionnelle »*, disait Platon. 2 000 ans plus tard, les émotions n'ont plus leur place en entreprise, parce que les machines n'ont pas d'émotions et que tout dans la production économique doit être rationnel. Notre modèle économique a mécanisé le travail et adapté l'homme aux besoins des machines (voir *Les Temps modernes* de Charlie Chaplin).

Si émotion il y a, c'est qu'elle est prise en tant que facteur de production : par exemple, la photo soigneusement choisie (voire retouchée) pour atteindre un objectif précis (les communicants sont de très grands rationnels), ou encore le sourire mécanique d'une hôtesse d'accueil ou la poignée de main distraite du commercial.

## La performance avant les émotions

Dans un monde où les affects sont sous contrôle, le surdoué se fait encore remarquer, lui chez qui les émotions déferlent à tout moment. C'est bien simple : il n'est qu'émotions. C'est neurophysiologique : avant même toute notion d'éducation, avoir plus de neurones équivaut à davantage de sensibilité (voir les fameuses « hyperexcitabilités » décrites par K. Dabrowksi et M. Piechowksi – l'hyperexcitabilité sensorielle génère une grande sensibilité morale, un grand besoin de justice et de l'empathie).

Le bon côté des émotions s'exprime chez le surdoué par l'empathie, la profondeur chaleureuse, la sensibilité, la capacité à trouver les mots justes. Le mauvais côté, c'est que ses émotions sont susceptibles de faire irruption à tout moment, en général à des moments inopportuns (pleurer en licenciant quelqu'un, par exemple).

Le milieu professionnel est un endroit où le rationnel prévaut. La règle première de la bienséance en entreprise, base de sa cohésion sociale, implique que les émotions relèvent de la sphère privée et qu'il convient de les inhiber quand on est au travail. Manifester ses émotions à son N+1 témoigne d'un manque de professionnalisme, et être performant ne sert pas à grand-chose si l'on ne sait pas gérer ses émotions.

Il n'existe aucune norme en matière d'émotions, juste un ressenti strictement personnel, un peu comme le ressenti d'une température ambiante. Vu de l'extérieur, il est donc très difficile de comprendre ces montagnes russes émotionnelles auxquelles est soumis un surdoué, qui passe si facilement (et pour un rien !) du rire aux larmes et qu'un trait de travers ou une tache sur une table perturbe.

Il est tout aussi difficile pour un surdoué d'expliquer cette intensité qui l'étreint à en suffoquer, ces moments de solitude à en hurler, même quand il est entouré d'êtres chers. Il ne peut pas plus expliquer ces moments d'intense rejet de lui-même à cause d'une erreur qui est objectivement une broutille, pas plus que ce « quelque chose » qu'il n'arrive pas à identifier et qui le ronge…

**«** Mes émotions sont sinusoïdales. Plus les années passent, plus elles m'envahissent. Je suis en proie à mes peurs, que j'affronte seul parce qu'elles sont souvent trop pesantes pour les autres. J'ai envie de créer mais je remets sans cesse à demain : trop d'émotions. **»**

Dan

Il faut bien le dire : les émotions fatiguent le surdoué ! Et il lui est tout aussi fatigant de devoir «prendre sur lui» en permanence face au bombardement d'informations qui sonnent faux (dans notre société de services où sourire et bonne humeur sont de rigueur, toute la journée sonne faux pour un surdoué, telle la bonne humeur tarifée des radios commerciales), alors qu'il est capable de voir au-delà des apparences et de ressentir ce que les autres s'efforcent de cacher (tristesse, inquiétude, frustration, colère, manipulation…).

Cercle vicieux, la fatigue n'arrange rien pour gérer les émotions. La femme surdouée, active et mère, en est la première victime : la porte du bureau à peine fermée, celle de la maison s'ouvre sur un chaos d'émotions enfantines ou adolescentes. Ce marathon émotionnel est difficilement imaginable, parfois même par le conjoint.

**«** J'ai cru que je n'avais pas les bonnes réactions émotives face aux problèmes des autres, à m'en croire sociopathe. En fait, ayant trop de choses à dire, je me ferme comme une huître. **»**

Myl

Une immense lassitude face à la solitude s'installe peu à peu. Selon qu'il a pu ou non exprimer ses émotions depuis sa plus petite enfance, le surdoué va se renfermer sur lui-même ou exploser, toujours avec excès : c'est ainsi qu'on le dit taciturne ou soupe au lait. Or le monde de l'entreprise préfère les personnes qui savent rester modérées en toutes circonstances, gage, sur le long terme, d'un travail efficace en équipe.

## QE *versus* QI

En 1990, alors qu'Antonio Damasio parle déjà de l'importance des émotions dans la prise de décision[1], trois chercheurs de l'université de Yale – J. Mayer, P. Salovey et D. Caruso –, inventent le concept de l'intelligence émotionnelle (IE) : ils démontrent qu'il ne faut pas opposer raison et émotions et établissent une échelle de mesure de cette IE[2]. David Caruso insiste : « *Il est essentiel de comprendre que l'intelligence émotionnelle ne s'oppose pas à l'intelligence, ce n'est pas le triomphe du cœur sur le cerveau, c'est une combinaison unique des deux.* »

L'IE est une union productive des systèmes cognitif et émotionnel : toute pensée, toute mise en mémoire, toute perception n'est que la conséquence d'une émotion. L'individu doté d'une grande IE a la capacité de raisonner à partir de ses émotions, celles-ci améliorant sa réflexion, mais également la capacité de percevoir et de comprendre ses émotions avec précision, d'y avoir accès, de les réguler pour faciliter son développement intellectuel et personnel, et de les partager pour accompagner sa réflexion.

Cette compétence multifacette de l'IE est fondée sur des habiletés, intra-personnelles et interpersonnelles, de gestion du stress, d'adaptabilité et d'humeur générale. L'IE apparaît ainsi comme prédictive de la satisfaction de l'individu dans sa vie : adaptation psychologique saine, interactions positives avec ses contemporains et sa famille.

En 1995, Daniel Goleman s'inspire de ces recherches et écrit un best-seller international[3], *Intelligence émotionnelle*, dont les journaux retirent ceci : « *En entreprise, le QE[4] est plus important que le QI ! [...] Le QI ne compte que pour 20 % dans le succès professionnel* ». Cela sous-entend que le surdoué peut avoir toute l'intelligence qu'il veut, cela importe peu puisque

---

1. *L'erreur de Descartes : la raison des émotions*, Odile Jacob, 1990.
2. Le test Mayer-Salovey-Caruso d'intelligence émotionnelle (dont l'acronyme anglais est MSCEIT).
3. Publié en France aux éditions Robert Laffont en 1999, il s'est vendu à 5 millions d'exemplaires dans 40 pays du monde. C'est de lui dont on se souvient, non des communications scientifiques en anglais de chercheurs au lectorat plus limité.
4. QE : quotient émotionnel, indicateur de l'intelligence émotionnelle.

l'intelligence émotionnelle lui fait défaut: pas de chance pour le surdoué aux émotions à fleur de peau!

Pour Goleman, l'IE est ainsi formée de cinq composantes:

- **la conscience de soi**, le propre des gens «bien dans leur peau»;
- **l'autorégulation**, ou self-control;
- **la motivation**, dynamique personnelle qui rend charismatique;
- **l'empathie**, capacité à percevoir les émotions des autres;
- **les habiletés sociales**, c'est-à-dire une bonne interaction avec les autres.

Il précise que «*les savoir-faire cognitifs vous ouvrent la porte de l'entreprise, mais les habiletés émotionnelles vous aident à y progresser une fois entré*». Goleman élargit ensuite la description initialement faite de l'IE à des concepts qui se rattachent à la motivation – le zèle, la persistance –, pour finalement faire rimer intelligence émotionnelle avec certains types de personnalité.

En ce qui concerne les surdoués, les recherches ont largement démontré qu'ils ont *a minima* un QE «dans la moyenne», et qu'ils sont nombreux à être charismatiques. Certains chercheurs, tel l'Israélien Zeidner, ont même tendance à penser que, dès lors qu'un surdoué possède une bonne conscience de soi et une bonne régulation de ses émotions (toutes deux conséquences positives d'un bon attachement[1]), il a naturellement une IE supérieure à celle d'un non-surdoué!

Alors, d'où vient cette croyance que le surdoué aurait un QE inférieur à la moyenne?

## La tyrannie des émotions

Dans l'expression du surdon et des comportements qui lui sont associés – dont fait partie l'expression des émotions – entrent en ligne de compte l'inné et l'acquis. Côté acquis, tout va dépendre de l'environnement de l'enfant surdoué.

---

1. Voir page 23.

Depuis son plus jeune âge, le surdoué est confronté aux émotions qui l'assaillent par le biais du bombardement sensoriel permanent qu'il vit. Il ne peut ignorer ce qu'il perçoit si intensément par ses cinq sens mais que, visiblement, les autres ne perçoivent pas de la même façon. La seule chose visible, c'est la surréaction du surdoué et les commentaires désapprobateurs des non-surdoués qu'elle provoque (« Maîtrise-toi ! ») [1].

La sensibilité étant plus importante chez un surdoué, il y a donc un décalage dans le degré d'expression des émotions par rapport à celle des non-surdoués. Dans les faits, parce qu'il est si intense dans ses réactions, les apparences jouent souvent contre le surdoué. Tout est donc dans la forme, c'est avant tout une question de repères acquis dans l'enfance.

Entouré de personnes qui l'encouragent à exprimer ce qu'il ressent, l'enfant surdoué apprend à reconnaître la nature de ses émotions, à les mettre à distance en les intellectualisant et en les exprimant avec les mots justes. Parvenu à l'âge adulte, il est doté d'une bonne intelligence émotionnelle et les chercheurs notent qu'il démontre des aptitudes élevées en intelligence verbale et sociale, qu'il est plus ouvert et plus chaleureux et qu'il a davantage confiance en lui. On retrouvera ce surdoué plus facilement dans des métiers ouverts aux autres.

Inversement, sans soutien approprié et selon les circonstances, l'enfant surdoué va « apprendre » à laisser ses émotions exploser sans contrôle, jusqu'à la violence physique ou, au contraire, va les intérioriser pour ne surtout pas les exprimer. Celui qui a fait le choix de brider toute émotion paraît totalement désaffectivé, voire schizoïde, alors qu'il est en réalité submergé par des émotions qu'il musèle à l'extrême. Il est si envahi d'émotions qu'il lui faut souvent beaucoup de temps pour se régénérer.

La mémoire traumatique est un élément essentiel de la gestion des émotions : au cours d'un événement vécu, on ressent les émotions avec son corps – processus somatiques et viscéraux – mais on fait également appel à son imaginaire pour faire face à cette situation – représentations symbo-

---

1. Les enfants surdoués atteints de THADA (trouble d'hyperactivité avec déficit d'attention) ou d'un syndrome d'Asperger souffrent plus encore du rejet de leur environnement.

liques (mots, images…), choix de stratégies de survie. Suivant la violence de l'événement et des ressentis, on forge ainsi des souvenirs qui durent parfois toute une vie et se réactivent chaque fois qu'une situation similaire se présente. La violence d'un traumatisme empêche la personne traumatisée de moduler ses émotions, de les maîtriser et de les exprimer à bon escient.

Personne n'est à l'abri d'un traumatisme. Pour être traumatisé, nul besoin d'avoir été un enfant battu: la stigmatisation à l'école ou un accident de la route peut aussi laisser d'importantes séquelles à long terme. Chez un surdoué, il faut cependant ajouter une dimension majeure: l'intensité du ressenti. Or c'est l'intensité du ressenti qui crée la gravité du traumatisme.

*« Plus une expérience traumatisante submerge l'individu, plus les parties primitives de son cerveau se mettent en jeu (cerveau reptilien) pour aider à trouver des mécanismes de survie. Le cortex préfrontal médian (cortex cérébral) ne parvenant plus à inhiber l'amygdale (petite structure dans le cerveau limbique qui détecte le danger), celle-ci hyperfonctionne alors en permanence. Résultat: la victime continue des années plus tard à vivre […] dans un état d'hypervigilance permanent[1]. »*

Le traumatisme favorise le repli sur soi et la mise sous contrôle permanente des émotions, à en paraître alexithymique[2]. En se rognant, l'enfant apprend à se renier. Avec le temps, cette stratégie aggrave les malentendus et les comportements inadaptés, génère d'immenses difficultés relationnelles. La racine est si ancienne que l'adulte qu'il est devenu l'a oubliée. À plus ou moins long terme, la tension entre ce qu'il est vraiment et ce qu'il cherche à être pour s'adapter provoque une rupture. Des recherches récentes ont permis de conclure à l'existence d'un lien entre alexithymie et divers désordres: violence, toxicomanie, troubles de l'alimentation, troubles gastro-intestinaux, troubles psychosomatiques, hypertension artérielle.

---

1. Dr L. Carluer, neurologue au CHU de Caen, membre de l'équipe Inserm de Caen. In «Traumas: ce qui reste, ce qu'on oublie», Pascale Senk, *Le Figaro Magazine* en ligne, 24 septembre 2013.
2. L'alexithymie est un trouble de compréhension et de l'expression de ses propres émotions.

Dans l'expression des émotions, le surdon joue donc un rôle d'amplificateur : tout va bien quand l'enfant surdoué s'est construit de façon cohérente ; tout va très mal quand il a grandi de travers.

**«** On m'a déjà dit à maintes reprises de me maîtriser, ce qui m'irrite parce que je n'ai aucun pouvoir sur cette émotion envahissante. **»**

Faiza

**«** J'ai beaucoup d'émotions, mais j'ai honte d'en parler, parce que c'est si intime pour moi et si insignifiant pour eux. **»**

Faiza

**«** Dès lors que je suis dans l'obligation de faire face à une situation difficile, j'ignore comment je fais, mais mes émotions disparaissent aussitôt. Je sais que si je ne bloque pas mon émotionnel, le niveau de souffrance va vite devenir infernal. Mais je sais que j'en prends le contre-coup ensuite… Je suis apte à pouvoir contrôler mes émotions dans la sphère professionnelle, jusqu'à donner l'illusion d'une personnalité dépourvue de sensibilité. Le style militaire, en somme, c'est la technique des multiples masques. Je cache ce que je ressens, mais je ressens ! **»**

Solange

**«** On me dit que je suis froid et distant… Je reconnais que j'utilise beaucoup l'intellectualisation pour me protéger. **»**

Florian

**«** Pour survivre, je me blinde. **»**

Agafia

**«** J'ai déjà entendu dire de moi que j'étais froid et sans émotions, chose que je ne comprends pas car je ressens beaucoup. Mais comme j'analyse ce que je ressens et le retiens quand ça arrive, alors cela ne se voit pas. **»**

Antoine

**❝** Des sentiments? Il fut un temps où j'en avais, je crois. J'évite d'en avoir maintenant, je préfère rester derrière mon armure. **❞**

Inode

**❝** Pour ce qui est de mes émotions, dans le privé, je ris et *Les Contes de Terrabithia* m'ont collé une grosse baffe. Au boulot, je suis tenu de garder le masque. J'arbore d'ailleurs le plus souvent un masque souriant. Reste à faire la part des choses entre le sourire et le rictus. **❞**

Cynorhodon

## Des émotions hors norme

Notre culture n'accepte pas la différence (tolérance ne signifie pas acceptation). Il faut être «comme tout le monde», «normal» sous peine d'être écarté… Le manque d'intelligence émotionnelle que l'on reproche au surdoué ne vient pas tant de la façon plus ou moins habile qu'il a d'exprimer ses émotions (sensibilité neurologique), que de sa capacité à percevoir différemment la situation

Pour M. Piechowski, une intelligence émotionnelle élevée ressemble, non seulement à l'intelligence émotionnelle très fine que l'on peut retrouver chez un surdoué (due à son hyperexcitabilité émotionnelle), mais elle doit de surcroît être rapprochée de la notion d'«inadaptation positive» proposée par K. Dabrowski. Inadaptation parce qu'il existe un décalage entre le surdoué et ses pairs, positive parce qu'elle signifie que l'individu reste loyal envers lui-même (son écologie personnelle est préservée) ainsi qu'envers ses valeurs universelles de compassion, de bienveillance, et de respect pour autrui.

Autant dire que c'est un point de vue qui a des chances de se retrouver souvent en opposition avec l'égoïsme, les préjugés, le conservatisme cognitif et la dureté généralement constatés en entreprise.

Le surdoué, avec sa logique propre, ne voit donc peut-être pas en quoi il faut s'émouvoir là où d'autres s'enthousiasment, alors qu'il est bouleversé là où personne ne voit rien de remarquable. Là où certains ne perçoivent que des faits inquiétants, lui s'en réjouit peut-être car il imagine déjà le positif découlant de ces turbulences. À l'inverse, il peut exprimer de l'inquiétude à l'annonce d'une nouvelle qui réjouit tous les autres (syndrome de Cassandre).

Parce qu'il réagit différemment du groupe, peut-on pour autant le considérer comme un dissident?

Le surdoué souffre également en entreprise d'un autre type de décalage, généré par l'intensité de ses émotions: l'esprit de compétition interne. Omniprésent dans la plupart des entreprises, cet esprit de compétition induit de nombreuses remarques ou attitudes disqualifiantes et violentes, en particulier à l'égard du surdoué qui apparaît si différent. Ce dernier, qui a du mal à moduler ses réactions, peut décider de s'inhiber. Connaissant la possible violence surdimensionnée de ses réactions, il va préférer préserver son interlocuteur pour lui épargner d'être atomisé par la violence de son flux verbal et la précision de mots par trop incisifs (injures suprêmes ou remarques empreintes d'un humour particulièrement corrosif) qui feraient perdre la face à son interlocuteur agresseur. Ce dernier, ne voyant dans le silence du surdoué qu'un signal de faiblesse, en rajoute pour l'emporter.

La «façon habituelle de réagir» s'apparente donc à une norme culturelle. De la même façon qu'un étranger doit apprendre la culture du nouveau pays qu'il habite, le surdoué doit apprendre à se conformer aux normes du groupe social qui compose l'entreprise pour laquelle il travaille, ou plutôt à donner à voir aux autres ce qu'ils ont envie ou besoin de voir. Art de la dissimulation ou manipulation? Peut-être..., mais quand il ne réagit pas «comme il faut» et «comme les autres», les apparences jouent contre lui, car, en entreprise, il faut d'abord se montrer sociable.

> **《** Colère intérieure, soumission et politesse de façade. Je mets mon armure pour ne pas ressentir trop. **》**
>
> Agafia

> **《** Souvent, je gère frustration et colère (lenteur, ennui). Je mise sur la joie pour rendre tout ça heureux et durable. **》**
>
> Antoine

**《** Je n'ai jamais la larme à l'œil en public et encore moins au travail. Je préfère enfouir tout cela, essayer de paraître de marbre, voire me montrer agressif s'il le faut. **》**

Inode

**《** Je dépense une énergie qui me semble énorme à ne pas trop me laisser envahir par les émotions, qu'elles soient positives (rarement) ou négatives. Comme j'ai toujours peur de me laisser déborder, je préfère en parler le moins possible. J'ai énormément muselé mes émotions, depuis toute petite probablement. **》**

Elena

**《** Les émotions, c'est plutôt les doigts dans la prise, elles me submergent. Ma réponse est parfois décalée par rapport aux réactions attendues par la "norme", parce que l'intensité et le ressenti sont démultipliés. **》**

Renarde20

**《** Je crois que, depuis longtemps, je me suis bâti une façade, lisse et maîtrisée, qui a pris le dessus. Malgré cela, je peux démarrer au quart de tour, que ce soit de joie ou de tristesse (une forme de puissance cachée)… **》**

Gabriel Fouquet

**《** Au secondaire, certaines personnes se moquaient de moi ; j'ai enfoui cela au fond de moi et j'en garde aujourd'hui le masque que je porte habituellement, cette carapace qui impose une distance de respect entre les autres et moi. **》**

Jed

**《** Je sais que l'hypocrisie est socialement utile puisque je l'ai appris en cours, mais j'ai beaucoup de mal à jouer ce jeu de l'hypocrisie moi-même. Je trouve cela finalement assez inutile et vain. **》**

Florian

**《** L'IE ? C'est écouter avec les oreilles de l'autre ce que l'on s'apprête à dire, avant de le dire, de façon à reformuler les termes de son propos pour que les dégâts qu'auraient commis les mots spontanés ne se produisent pas. Pour moi, l'IE, c'est une capacité "technique". **》**

Myl

**《** Les émotions au travail : pour quoi faire ? C'est la porte ouverte à tous les jugements et toutes les manipulations. Les gens confondent communication et manipulation. Ceux qui souffrent s'entendent dire qu'ils ne font pas ce qu'il faut, qu'ils se plaignent, qu'ils ne savent pas communiquer. **》**

Laetitia

## L'IS mieux que l'IE

Nombre d'entreprises intègrent des tests de QE dans leur procédure de recrutement et insèrent des séminaires d'apprentissage aux habiletés émotionnelles et sociales dans leur catalogue de formations. Peut-être pourraient-elles mieux utiliser leurs budgets ? Selon une méta-étude[1], le QI compte pour plus de 14 % dans la performance au travail, tandis que l'intelligence émotionnelle seulement moins de 1 %. C'est particulièrement vrai pour les postes de haut niveau dans lesquels l'émotion joue un moindre rôle, et plus encore dans les grandes organisations complexes dont les enjeux sont importants.

Et si, au lieu de se focaliser sur l'intelligence émotionnelle, on parlait aussi d'intelligence stratégique ? Celle qui, selon Michael Maccoby[2], permet la vraie réussite professionnelle parce qu'elle met en œuvre plusieurs capacités :

---

1. "Emotional intelligence: an integrative meta-analysis and cascading model", D. L. Joseph & D. A. Newman, University of Illinois at Urbana, Champaign, *Journal of Applied Psychology*, 2010, vol. 95, N°1, 54–78.
2. "Successful Leaders Employ Strategic Intelligence", *Research Technology Management*, Vol. 44. N° 3, May-June, 2001. pp. 58-60. M. Maccoby, psychanalyste et anthropologue, est reconnu pour ses travaux sur le leadership.

- **L'anticipation** : comprendre les tendances qui représentent une menace ou une opportunité pour l'entreprise.

- **La vision** : voir le futur tel qu'il pourrait être pour l'organisation et mettre en place le processus permettant à cette organisation d'atteindre ce futur entrevu.

- **La réflexion systémique** : intégrer les différents éléments d'une problématique ou d'une organisation pour les faire évoluer de façon efficace.

- **La capacité à motiver** : faire travailler les gens ensemble pour atteindre un but, en s'appuyant sur leurs motivations, leurs compétences et leur intelligence personnelle.

- **La capacité à établir des partenariats** : mettre à profit le réseautage utile, les alliances stratégiques (avec des personnes, des groupes ou des organisations) pour atteindre des objectifs définis.

Pour atteindre le sommet de la pyramide hiérarchique, bien plus que le QI ou le QE, c'est la capacité à s'intégrer sans heurt au groupe et à y développer des relations paisibles et efficaces qui prévaut. Ce n'est pas gagné d'avance pour le surdoué qui a bien du mal avec les habiletés sociales, et que l'on traite souvent d'autiste, d'extraterrestre, de « Monsieur je-sais-tout », de tyran, de manipulateur, d'esprit séditieux...

Laissons le dernier mot au Pr. Lançon, Chef du service de psychiatrie et d'addictologie à l'Assistance Publique des Hôpitaux de Marseille, que j'ai interrogé à ce sujet : « *La vraie question c'est : c'est quoi une émotion ? Là, il y a du boulot et personne ne s'accorde. C'est la même question pour l'intelligence : c'est quoi l'intelligence ? Donc l'intelligence émotionnelle, cela fait un carré d'ignorances sur lequel on fait comme si on savait de quoi on parlait... C'est-à-dire de rien en fait.* »

## DES RELATIONS ÉPINEUSES

Comment ressentir la moindre sympathie pour un surdoué, la moindre envie de s'intéresser à lui quand on liste tous les qualificatifs peu élogieux qui lui sont appliqués : arrogant, autodestructeur, condescendant, contrariant, désorganisé, difficile, égocentrique, ergoteur, froid, impénétrable, ingérable, injurieux, obstiné, procédurier, (beaucoup trop) sensible, stupide, taciturne, têtu, violent. Comment est-il même envisageable de travailler avec un tel individu ?

Et si toutes ces appréciations ne relevaient que d'un malentendu ?

Les différences de repères conduisent à mal interpréter motivations et attitudes d'un surdoué : dans un monde où l'extraversion est si valorisée, l'introversion qui lui sert de protection lui donne la réputation d'un individu froid, arrogant ou, a minima, impénétrable. Son mode de fonctionnement cognitif favorise les remarques condescendantes ou violentes de ceux qui le voient désorganisé ou manipulateur (ou les deux). Enfin, son indépendance d'esprit laisse croire qu'il est ingérable et qu'on peut difficilement lui faire confiance.

## Se ressourcer seul ou sociabiliser ?

La valeur première que recherche une entreprise chez ses collaborateurs est leur capacité à se sociabiliser, à s'intégrer et à se conformer. L'introversion du surdoué est donc, dans ce cadre, une véritable énigme : personne ne comprend qu'il se retranche dans son bureau ou dans un silence observateur. Difficile d'imaginer le processus de pensée qui se cache derrière cette attitude, parfois prise pour de l'arrogance.

La réalité, c'est qu'un surdoué se sent mieux dans le silence et une certaine solitude. En outre, le danger que revêt parfois la rencontre avec l'autre peut avoir été intériorisé à la suite de traumatismes subis durant l'enfance, tels que mise au ban et harcèlement.

Le surdoué a besoin d'une énergie intense pour se sociabiliser, pour se mettre au niveau (d'intérêts et de langage) des autres, pour se concentrer sur des discussions triviales (pause-café, cantine ou réunions), pour réduire ses ambitions intellectuelles, pour simplifier à outrance ses réflexions et pour endurer les réflexions des autres. En société, il s'oblige à marcher à petits pas, car il se sent entravé, alors que sa pensée explore divers univers à la vitesse de la lumière.

Même avec une personnalité affirmée et un travail qui l'expose aux rencontres publiques, le surdoué introverti ne cherche pas à être le centre de l'attention (même si celle-ci est positive). Il intervient peu dans le groupe, surtout s'il risque de devoir parler de lui et de ce qu'il pense. Secret quant à sa vie privée, il observe d'abord avant d'interagir et de se laisser approcher. C'est une façon de se préserver des tempêtes émotionnelles qui déferlent si facilement sur lui.

S'isoler pour réfléchir relève donc de l'écologie du surdoué introverti et participe fondamentalement à son équilibre. C'est sa façon de canaliser et d'évacuer les flots d'idées qui se bousculent et tournent sans cesse dans sa tête jusqu'à l'épuiser. Pour réfléchir, il a besoin de calme.

S'isoler signifie aussi pour le surdoué se recharger en énergie. En effet, aller au même rythme que les autres, c'est-à-dire s'adapter en permanence à eux (attentes, rythme de travail, réunions, conversations), l'épuise et le remplit d'un sentiment d'envahissement qui menace son intégrité physique et psychique. Il lui faut prendre de la distance.

La lecture fait partie des stratégies de mise à distance du surdoué. Socialement très acceptable pour les cadres, cette activité est toutefois moins bien perçue à d'autres niveaux socioprofessionnels où le risque est grand pour le surdoué de se voir traiter d'intello, ce qui le conduit à se replier plus encore sur lui-même.

Il n'est pas non plus étonnant de converser avec un surdoué plus facilement par mail qu'en situation de face-à-face : moins exposé à l'envahissement émotionnel, il peut ainsi mieux mettre ses idées en ordre, gérer ses émotions et son énergie, son temps et ses heures (nocturnes).

> **❬❬** Je me sens bien entouré quand je suis seul avec mes livres, mais seul quand je suis entouré d'autres personnes. **❭❭**
>
> Jed

Il importe cependant que le surdoué arrive à « se couler dans le moule », au moins pour partie en acceptant de jouer un rôle de composition, car l'introversion peut vite devenir socialement handicapante. Il existe des limites à ne pas dépasser, qu'il vaut mieux apprendre : le groupe n'aime pas celui ou celle qui s'isole et n'en joue pas les règles.

Ce n'est pourtant l'envie du partage qui manque au surdoué : découvertes, intérêts, ressentis, émotions intellectuelles…, mais c'est à croire qu'il ne parle pas la même langue que les autres. Le différentiel de repères qui le sépare des autres crée des malentendus et des filtres qui nuisent à une bonne communication.

C'est pire encore quand le surdoué ne sait pas qu'il l'est, car c'est alors un sentiment récurrent de culpabilité d'être « étranger » aux autres qui le ronge.

> **《** J'ai pigé à 25 ans que, pour évoluer en entreprise, il fallait se «pérenniser» (voire se cramponner) en acceptant de jouer le jeu social. Pourtant, chaque fois, mon éthique, l'incapacité de tenir dans des conditions moralement inacceptables pour moi, l'ennui mortel, m'ont fait partir. **》**
>
> Laetitia

> **《** Tous les midis après avoir déjeuné à la cantine avec mes collègues, j'ai pris l'habitude de suivre les membres du groupe en allant boire un café et en jouant au tarot avec eux, même si je n'aime pas vraiment le café et le tarot. J'ai pris conscience que c'est en fait assez important : même si ce n'était pas évident pour moi de prime abord, ça contribue à entretenir de bonnes relations de travail. Parfois, c'est même à ce moment que se règlent des problèmes sur certains dossiers ! **》**
>
> Florian

> **《** Je suis passé d'un entourage de personnes intelligentes et curieuses avec qui on se posait des questions philosophiques sur tout et n'importe quoi, à la maternelle. J'entends des gens qui n'ont pour seul sujet d'intérêt que la télévision – pourvu que ce soit du sport ou la télé réalité – et les ragots. Ma polymathie fait peur et peu de gens osent discuter de sujets avancés avec moi. On en reste cantonné à la cuisine, au jardinage et divers soucis de santé. **》**
>
> Alex

## Se museler ou agacer?

**❝** "Fais attention quand tu dis les choses, prends un peu plus de gants", "Tu parles comme si tu avais toujours raison et que tu savais tout, un vrai donneur de leçon", "Tu vas trop vite, les autres sont largués : laisse-leur le temps de s'y faire", "Ce que tu dis est peut-être vrai, mais cela ne relève pas de ta responsabilité, ça ne se fait pas d'empiéter sur les autres ainsi". **❞**

Myl

Alors qu'il est en général conscient de ses limites et qu'il sait que « ça ne se fait pas de se mettre en avant », un surdoué passe néanmoins très souvent pour arrogant et exaspérant.

Comme il est exaspérant pour ceux qui n'ont pas la même agilité cognitive de voir quelqu'un passer avec tant de facilité d'une discipline à une autre, de faire du transversal et même de l'interstitiel sans problème! Pour autant, il est tout aussi exaspérant pour le surdoué de se limiter à un seul champ d'intérêt à la fois.

Comme il est exaspérant aussi pour les non-surdoués d'essayer de comprendre la pensée d'un surdoué! Le flot d'informations de toutes natures qu'il leur transmet – fruit d'une réflexion dont le surdoué ne perçoit pas qu'elle est très avancée – leur apparaît totalement abscons et leur donne plutôt envie de s'en méfier, tant il est difficilement compréhensible.

**❝** Ce que l'on me dit en général après que j'ai présenté mes idées? "super-analyse, mais tu peux pas faire simple?" ou "trop complexe comme raisonnement personne comprendra" ou encore "ta conclusion je sais pas d'où tu la sors mais on suit pas ton raisonnement" (les rares fois où j'ai livré un avis synthétisé!). **❞**

Myl

Comme il est exaspérant aussi de voir le comportement d'un surdoué en réunion : il interrompt celle-ci à tout moment, ne laisse pas les autres s'exprimer et n'hésite pas à reprendre leurs interventions pour les préciser (il paraît que la parole du surdoué tente de suivre sa pensée), sans parler de cette furieuse tendance à vouloir à tout prix imposer ses vues ! La tentation est grande de lui dire « Laisse parler les autres ! ». Le scénario scolaire se répète...

Comme il est exaspérant aussi pour ses collègues de se sentir renvoyés à leurs insuffisances. Les jalousies s'éveillent contre celui qui les écrase de son intelligence (la conséquence est d'autant plus terrible pour un surdoué qui s'ignore et n'a d'autre intention que de bien faire et de participer à la dynamique de groupe).

Comme il est exaspérant aussi pour un manager, obligé de prendre des décisions en un minimum de temps de réflexion (pression au résultat oblige et, peut-être même parfois ?, paresse intellectuelle), d'écouter le collaborateur surdoué lui exposer une idée qui ne peut être qu'irrecevable dès lors qu'elle va lui demander un gros effort de compréhension. C'est pire encore si ce manager perçoit qu'il est dépassé par l'idée et se sent menacé dans son autorité, ou même sa carrière.

**《** Mon directeur général m'a un jour reproché de vouloir lui apprendre son métier (doit pas être bien dans ses baskets pour sortir ce genre de chose à un obscur chargé d'études...). **》**

Gabriel Fouquet

L'envie de partager ou, juste « pour une fois », d'aller à son rythme naturel, le besoin de défendre une idée à laquelle il croit et la conviction qu'il a raison conduisent souvent le surdoué à vouloir à tout prix amener les autres à adopter son point de vue. Ce comportement rarement habile, car trop direct, est perçu comme étouffant et insupportable par les autres. Mais enfermé dans son raisonnement (et peut-être inquiet de perdre son intégrité en renonçant à ses attentes), le surdoué reste sourd aux remarques, même celles énoncées avec bienveillance. Il peut aller jusqu'à se montrer particulièrement agressif face à une fin de non-recevoir ou à une opposition frontale.

Quand il persiste dans son idée en disant aux autres qu'il a eu une intuition et que, même s'il est incapable de détailler son raisonnement, il sait que « c'est comme ça » et qu'il a raison, notre surdoué passe alors pour insupportablement imbus de lui-même, mais aussi incapable de fonder ses opinions. Les critiques s'élèvent, mais voilà que notre surdoué les démonte impitoyablement. Une ou deux fois vont suffire à le cataloguer et à le réduire à l'impression qu'il a donnée de lui-même...

Quand les habiletés sociales d'un surdoué sont défaillantes, le degré d'écoute de ses collègues est réduit à pas grand-chose, ce qui influe sur la confiance de la hiérarchie, pas franchement tentée de confier de nouveaux projets et de promouvoir quelqu'un qui ne rassure pas. Et même si l'avenir donne raison au surdoué, son maladroit « Je vous l'avais bien dit ! » ne fera qu'augmenter l'agressivité du groupe à l'endroit de l'arrogant.

## Se taire ou manipuler ?

Jusque dans sa façon de parler, le surdoué dérange : sa logique de réflexion, son débit de parole et le vocabulaire qu'il emploie peuvent déstabiliser. Mais alors, quelle option doit choisir le surdoué ? Se taire ?

> **《** Mon directeur est venu me voir pour me dire que mon manager ne comprenait pas ce que je disais. **》**
>
> Florian

> **《** On a parfois du mal à me suivre, à suivre le fil de mon raisonnement lorsque je m'exprime à l'oral... On peut me faire remarquer (ce n'est pas vraiment un reproche) parfois (pas trop souvent), que j'emploie des "grands mots" à l'écrit : "paradigme" par exemple... **》**
>
> Gabriel Fouquet

L'utilisation d'un vocabulaire limité – même chez des cadres disposant de diplômes élevés – gêne l'expression de la pensée complexe du surdoué. Tout comme marcher à petit pas lui pèse, devoir se contenter d'à peu près l'épuise. Alors ses remarques finissent par fuser, ici et là, cyniques, quasi dédaigneuses, témoins de ce mépris qui s'est sourdement installé en lui face au manque de curiosité, de finesse et d'intelligence des autres ! Se taire est trop dur pour le surdoué.

**«** Cela fait bien longtemps que j'ai arrêté de l'ouvrir. **»**

Florian

Cette capacité à penser et à réagir plus vite, à anticiper plus que la moyenne, qui s'ajoute à une forte détermination dès qu'il pense être dans le vrai et dans le juste, peut conduire le surdoué à des problèmes de communication plus graves encore : on va le traiter de manipulateur, alors qu'il s'estime – de façon sincère – généralement nul en manipulation…

Qu'est-ce que la manipulation mentale ? C'est l'action d'orienter la conduite de quelqu'un ou d'un groupe dans le sens que l'on désire et sans qu'il s'en rende compte, cette pratique visant à agir sur la volonté ou le libre arbitre d'autrui.

Peut-on dire alors que le surdoué est un manipulateur ?

Pour répondre à cette question, penchons-nous sur la façon de se comporter d'un surdoué en réunion ou lors d'un entretien quand il y a un enjeu. Mélanie Bidault Garnier, dans son mémoire[1], en parle parfaitement : un surdoué *« analyse sans y penser tous les comportements et réactions […] interprète chaque parole et devine souvent ce que* [son interlocuteur] *veut ou va dire avant même qu'il ait parlé […] devine la réponse que son interlocuteur aimerait avoir […]. La personne à HP va alors tenter de le manipuler, de façon naturelle, sans avoir de mauvaises intentions, par exemple en répondant ce que l'autre attend d'elle […], ou en l'amenant à aborder un sujet autre que celui prévu. »*

Est-ce vraiment manipuler que de vouloir atteindre un objectif, surtout quand cet objectif n'est pas personnel ?

Soyons honnête : le surdoué éprouve quand même bien du plaisir à pouvoir dominer la conversation en jouant de son élocution (débit et choix des mots). Son plaisir l'emporte sur la prudence et la diplomatie, surtout quand il a en face de lui quelqu'un qui l'exaspère. Oui, mais voilà, si celui qui a été « berné » s'en rend compte, il va détester. S'il s'agit d'un manager qui, pour une raison ou pour une autre, se sent mis en danger par un tel comportement, les conséquences risquent d'être graves.

---

1. Voir page 20

Ne cessant de montrer sa difficulté à se conformer et à se mettre au niveau des autres, ayant des motivations difficiles à comprendre – ni les titres ni les honneurs ne le font courir –, prenant des initiatives qui dérangent, fondamentalement perturbateur, le surdoué apparaît vite suspect de tout aux yeux de ses collègues et de son manager.

## Suivre ou être soi-même, mouton ou mouton noir ?

Voici la définition du « mouton noir », donnée par Wikipédia : « *Métaphore utilisée [...] pour décrire une personne au comportement différent de celui de ses congénères, et que l'on réprouve habituellement. L'expression stigmatise une personne qui ne rentre pas dans la norme.* »

La créativité du surdoué l'entraîne hors du cadre, jusque dans sa façon de s'inscrire dans l'organisation pour laquelle il travaille. Il s'avère ici être un élément perturbateur. Il ne le fait sans doute pas exprès, mais c'est ainsi qu'il est perçu.

À poser sans cesse des questions – pour mieux comprendre les objectifs généraux et l'avenir dans lequel s'inscrit l'organisation, pour proposer des améliorations ou remettre en cause certaines habitudes idiotes (ou en mettre en avant d'autres qui, elles, auront un intérêt) –, le surdoué dérange l'ordre établi, même si ce n'est pas son intention. Et il apparaît d'autant plus suspect aux autres que, visiblement, le but des remises en cause qu'il propose n'est pas de se faire bien voir.

L'autre point qui fait du surdoué un perturbateur, c'est sa capacité à dire naturellement à haute voix tout ce que tout le monde pense tout bas et n'ose exprimer. Au contraire des non-surdoués qui l'entourent, il n'a pas peur du changement : les études s'accordent toutes sur le fait que les non-surdoués ont besoin d'un cadre extérieur pour être motivés et qu'ils sont surtout formatés pour la répétition qui préserve la cohésion du groupe (« on ne peut pas le faire, parce que ça ne s'est jamais fait »).

❮❮ La majorité est plus fashionista que hacker. Le monde est fait pour les fashionistas, c'est pour ça que les règles sont stupides, au mieux arbitraires, et vous êtes coupable si vous essayez d'en interroger le sens.

Comme si ces fameuses règles étaient des oukases tout droit tombés du ciel (faut pas se trouver dessous, c'est lourd). **》**

Jean-Claude

Le surdoué interroge donc l'ordre établi et le dérange avec la meilleure volonté du monde ! Ce faisant, il fait peu cas de la hiérarchie. D'ailleurs, la hiérarchie et lui, ça fait au moins deux.

Un manager a besoin de sentir l'autorité qu'il exerce sur son équipe et attend que ses ordres soient exécutés. Or un surdoué se soucie parfois peu de sa hiérarchie : il demande la justification des ordres qu'on lui donne, il peut même les critiquer pour leur manque de sens, de portée, de méthode et de pertinence. Et mieux vaut ne pas lui répondre « C'est comme ça et pas autrement » et « Le chef a toujours raison », sous peine de devoir endurer une réaction frontale pénible et de perdre son temps à argumenter.

**《** Je n'aime pas l'autorité. Surtout si les ordres donnés sont d'une affligeante stupidité ou d'un hallucinant illogisme… **》**

Solange

**《** Ils sentent que je n'adhère pas "à leur système", je ne crois pas deux secondes aux discours marketing RH ou autre. Et pour ne rien arranger, à chaque fois, je mets le doigt où ça fait mal. En plus, je ne fais jamais ce qu'on me demande et je ne fais pas non plus semblant de croire que ceux qui ne servent à rien me sont d'une quelconque utilité, qu'ils aient dix ans d'ancienneté ou pas. Je les zappe tout simplement pour avancer et ça les vexe. Surtout si la seule à laquelle je demande un coup de main, c'est la stagiaire parce qu'elle percute bien. En plus, je fais des trucs bizarres, comme ne pas manger avec les autres le midi, refuser de dire à mon chef qu'il est beau. **》**

Laetitia

**《** Je ne comprends pas la notion de pouvoir, d'influence, de magouille, de réseau, etc. Je suis assez peu sensible à la notion de hiérarchie et je parle de la même manière à notre secrétaire qu'à notre chef d'institut, là où j'en vois d'autres changer complètement de posture, d'intonation de voix, etc. (un mystère pour moi). **》**

Jean-Marie

**«** J'ai eu plusieurs fois l'occasion de lire la déception dans les yeux de certains, quand ils se sont rendu compte de mon indépendance d'esprit. Alors quoi ? Je ne peux pas être bon élève tout en étant critique par rapport au système ? Je ne peux pas être bon élève sans choisir de camp comme un sale mouton ? Mais j'ai cette réputation de bon gars qui colle à la peau : c'est d'un ennui... **»**

Jed

**«** Prendre le contrepied a toujours été pour moi une source de jouissance. Je crois que ce n'est pas juste de l'esprit de contradiction, c'est une vraie posture contre la pensée unique ! **»**

Catherine

Un surdoué a également un sens du raisonnement logique insupportable. Même quand il exécute les consignes, il les interprète parfois de façon si particulière que c'est à croire qu'il le fait exprès pour mettre son manager en difficulté, lui montrer son incompétence, le gêner dans l'atteinte de ses objectifs, voire le remettre en cause auprès de sa propre hiérarchie.

Le surdoué, très performant et créatif par nature, n'a besoin de personne pour se motiver. Introduire le changement et remettre en cause l'existant ne l'effraie pas. S'il évolue dans une entreprise où, au contraire, c'est le respect de l'existant qui prédomine, il va souffrir et parfois succomber, non à cause de sa faiblesse de caractère, mais plutôt à cause de la frustration que cette méfiance du changement engendre chez lui.

On pourrait penser que la seule façon de calmer cet élément ingérable, dont les talents et l'indépendance d'esprit exaspèrent, c'est de mettre au pas ce collaborateur récalcitrant en accentuant le contrôle sur lui : une sorte de retour à une hiérarchie scolaire ultra-descendante. Mais cette méthode va exaspérer encore plus le surdoué et casser complètement l'engagement qu'il avait mis au service de l'entreprise. Il va alors lui retirer toute sa confiance, car la confiance que le surdoué peut accorder est totale, mais son retrait est tout aussi total et définitif dès qu'il perçoit la moindre défaillance de l'autre dans l'engagement qui les lie.

Une autre difficulté pour le surdoué est de supporter l'insuffisance intellectuelle des autres. Persuadé, quand il s'ignore surdoué, qu'il est d'une intelligence normale et que tout le monde pense comme lui, il ne comprend pas que les autres ne le comprennent pas non plus. Et même se sachant surdoué, il lui est facile d'oublier que les autres fonctionnent bien différemment de lui. « *"Quel con!" est en réalité un cri d'amour frustré*», dit Isabelle Padovani, spécialiste en communication non violente.

Ce besoin de compréhension et de vision globale qui le taraude peut-il expliquer l'engagement syndicaliste de certains surdoués? Gaud Leroux (Intelligence Day, Mensa Pays de Loire 2014) semble y voir une corrélation: « *Les HPI ont tellement besoin de comprendre les enjeux de l'entreprise que si, à leur poste, ils n'ont pas de visibilité, alors adhérer activement au syndicat, c'est une manière de comprendre tout avant tout le monde, de comprendre les enjeux.* »

Cela dit, le surdoué demande souvent (voire exige) qu'on le comprenne, alors que lui-même campe sur ses positions! Le dialogue de sourds n'est pas loin, difficulté essentielle qu'il faut pourtant dépasser dans le monde du travail. Sa vision globale, sa meilleure compréhension, plus rapide et plus large, des tenants et aboutissants d'un problème lui permettent de produire très rapidement une solution structurée qu'il sait être la bonne. À tel point qu'il attend de pied ferme celui qui veut lui démontrer le contraire, mais c'est finalement un tir de barrage qui l'attendra.

«Patience et longueur de temps font plus que force ni que rage». Si cet adage est vrai, il suppose toutefois un effort, mot qui fait souvent défaut au vocabulaire du surdoué, de même que l'expression « cent fois sur le métier remettre son ouvrage» va l'exaspérer parce qu'il lui est tellement plus simple de faire à sa façon. Et c'est bien là que le bât blesse… Les grandes idées ne sont grandes que si elles sont reconnues comme telles. Or les grandes idées du surdoué ne sont bien souvent pas reconnues.

Puisqu'il ne fait pas d'effort, le surdoué est perçu comme un élément perturbateur dangereux. Face à l'opposition, il est tenté de s'arc-bouter, mais ses détracteurs aussi, ce qui peut conduire au clash. Face aux non-surdoués, si nombreux et solidaires, le surdoué se retrouve seul, «détail» qu'il a souvent tendance à négliger. Avant tout orienté résultat plus que process et, bien que préférant les solutions intellectuellement élégantes, il ne s'embarrasse pas particulièrement de formes ni de protocoles pour prouver qu'il a raison. Mais il n'a aucune chance de gagner car, en entreprise, le partage et le travail en commun priment et la forme importe plus encore que le fond. La moitié du chemin est de son ressort : puisqu'il a les idées et les intuitions, le surdoué n'a pas d'autre choix que d'apprendre la manière de les partager.

Apprendre à tolérer que les autres ne fonctionnent pas de la même façon que lui, à vivre avec le reste du monde et non malgré lui, est vital pour un surdoué, sous peine de devenir aigri et de s'isoler plus encore, la phobie sociale guettant particulièrement les plus doués d'entre tous.

Gageure ? Défi ? Non, plutôt une question de salut.

## PROMOTIONS ET PROGRESSION

*« Pourquoi embaucherions-nous ces intellos ? Ils ne sont d'aucune utilité.*
*Incapables de s'adapter. Ils fichent la pagaille. » – « Nous avons eu*
*un jeune gars. Il est venu avec deux idées qu'on lui a piquées avec*
*d'autant moins de remords qu'il n'a jamais voulu apprendre à suivre*
*les procédures normales. » – « Je préfère avoir douze personnes*
*insignifiantes mais stables, plutôt qu'un météore génial. »*

M. K. Streznewski,
*Adultes surdoués – Le don ambigu d'un extraordinaire potentiel*

Le travail est un élément de la construction identitaire. La reconnaissance qui s'y attache est donc importante pour la relation au travail (motivation), la relation aux autres (rôle social) et la relation à soi (estime de soi).

Sans reconnaissance, peut-on exister et a-t-on encore sa place dans l'entreprise ?

## Quel profil faut-il en général pour progresser en entreprise?

L'entreprise, lieu de pouvoir, est une pyramide au sein de laquelle la reconnaissance sert à en gravir les degrés. C'est «en haut» que se définissent ses objectifs, servis par ceux qui s'y sont hissés avec des buts bien plus personnels de conquête du pouvoir (et de niveau de salaire) que de réussite de l'entreprise elle-même.

Les entreprises doivent rester compétitives, donc combatives. En toute cohérence, ceux qui arrivent au plus haut de la hiérarchie ont su démontrer des qualités particulières: extraversion, caractère dominateur, agressivité, enthousiasme… (Après tout, ne constate-t-on pas les mêmes traits de caractère chez les individus dominants de tout groupe animal constitué?)

La recherche de «hauts potentiels» (HP), qui doivent devenir ses futurs cadres dirigeants, est donc l'une des problématiques de l'entreprise qui cherche à assurer sa pérennité et son développement. La détection de ces HP peut se faire par un recrutement externe, mais aussi en interne via l'avis de supérieurs hiérarchiques sur certains de leurs collaborateurs susceptibles d'occuper ces postes à un horizon temporel donné.

Le HP, tel que le conçoit l'entreprise qui pense à son avenir, aura des qualités qui la rassurent: il saura préserver la culture de l'entreprise, appliquer ses stratégies de développement et adhérer à sa vision de l'avenir.

Quelle ironie pour le surdoué, que l'on qualifie aussi de «haut potentiel» dans le langage courant hors monde de l'entreprise, et qui est en attente de reconnaissance professionnelle! Lui qui ne peut envisager de faire carrière sans se sentir libre de questionner les choix de l'entreprise, ne rassure en rien celle-ci qui lui reproche bien des choses.

> **《** Va trop vite, manque de précision, problèmes relationnels, trop sensible et émotive, prend tout sur soi, trop directe, bulldozer, arrogante, hautaine, rêveuse, dans la lune, égoïste…, autant de qualificatifs dont on m'affuble. **》**
>
> Laetitia

**《** Tu es ingérable. Tu ne peux donc pas faire comme tout le monde. Laisse parler les autres, je ne peux pas te faire confiance. Rentre dans le rang… Je n'arrive pas à te caser quelque part. Fais simple, va droit au but. **》**

Jean-Claude

**《** Tu es ingérable. Tu ne peux donc pas faire comme tout le monde. Je ne peux pas te faire confiance. Rentre dans le rang. Arrête de dicter tes idées. Arrête de te faire l'avocat des pauvres… et bien d'autres. **》**

Faiza

**《** Laisse-moi parler, terminer ma phrase… **》**

Jean-Marie

**《** Explications confuses qui partent dans tous les sens, message peu clair. Tu cherches trop, va au plus simple. **》**

Papy

**《** Tu es trop bavard, il faut écouter les autres. Ton travail est bâclé (souvent sur des tâches stupides). Arrête de partir dans tous les sens et reste concentré sur l'objectif. On n'en est pas encore là. **》**

Alex

**《** Mets plus d'ordre dans tes pensées. Fais une synthèse. Tu as les idées toujours en vrac. Il faut prioriser. Peu importe que ça soit beau, on veut que ça fonctionne. On ne cherche pas le prix Nobel, on veut juste que le papier soit publié. **》**

Jed

**《** Difficulté à travailler en groupe, à déléguer. **》**

Renarde20

Dans cette bataille qui se joue en permanence pour le pouvoir, quatre profils de manager se distinguent[1] :

- **Le rebelle positif** qui s'oppose en permanence à sa hiérarchie, à toute autorité. Sa force réside dans sa capacité de proposition alternative intelligente.
- **Le râleur**, qui n'est jamais satisfait de son travail ni de celui des autres. Son insistance est telle qu'il finit toujours par avoir gain de cause.
- **L'imposteur**, qui n'a aucune compétence, mais une grosse confiance en lui et un vrai savoir-faire relationnel.
- **Le manipulateur**, destructeur ou pervers narcissique, SOB (*Seductive Operational Bully*, c'est-à-dire séduisant tyran opérationnel) ou psychopathe léger, dont la population est estimée à près de 4 % en entreprise. Menteur compulsif, son agilité intellectuelle lui permet d'exploiter au mieux les situations. Séducteur auprès de sa hiérarchie, il est en même temps d'une grande violence avec ses collaborateurs, tout particulièrement avec les surdoués qui lui tiennent tête pour toutes les raisons présentées précédemment. Manfred Kets de Vries, professeur et chercheur à l'INSEAD, indique[2] qu'on retrouve les SOB *« partout où pouvoir, statut ou argent sont en jeu. [...] La facilité avec laquelle les SOB atteignent les sommets pose la question de savoir si l'organisation de certaines entreprises n'en fait pas le terreau idéal pour les individus à profil psychopathe. [...] Beaucoup des traits qui indiqueraient des problèmes mentaux dans d'autres contextes apparaissent appropriés pour un titre de Senior Executive »*. Et rajoute le chercheur : *« ils ne sont loyaux ni vis-à-vis de leur entreprise, ni vis-à-vis de leurs collègues »*.

N'allons cependant pas jeter tous les managers à la poubelle, même s'il est vrai que certains sont vraiment toxiques. Il existe pourtant, dans ces portraits, des germes de crises futures pour le collaborateur surdoué.

---

1. Hamid Aguini et Isabelle Méténier, *La Rébellion positive*, Albin Michel, 2015.
2. "The psychopath in the C-suite – Redefining the SOB", Manfred Kets de Vries, *Working paper*, 2012, INSEAD.

## Les surdoués sont-ils doués pour progresser en entreprise?

On dit souvent que les surdoués ne progresseraient pas «comme ils le devraient» dans le monde professionnel, que ce soit en termes de salaire ou de fonctions dirigeantes. Outre que la volonté de progresser en entreprise est une affaire personnelle, il serait faux d'affirmer que les surdoués sont tous promis à un destin lamentable dans le monde professionnel.

Qu'ils soient à leur compte (entrepreneurs, commerçants, professions libérales) ou salariés, certains surdoués atteignent les sommets du pouvoir et du rayonnement: les études longitudinales de Terman et de l'Université Vanderbilt[1] l'attestent. D'autres surdoués s'en sortent moins bien, comme le montre Roland Persson, psychologue suédois, qui s'est intéressé aux 300 membres de Mensa Suède. 25 % étaient heureux de leur vie professionnelle parce qu'ils avaient créé leur société, mais les autres, en grande majorité, avaient le sentiment de ne pas avoir progressé «comme ils l'auraient dû», incompris de leurs managers qui ne leur auraient pas donné les missions adaptées à leurs compétences et à leur efficacité.

La différence de repères est encore à l'œuvre: le surdoué ne rassure pas. «Ta réalité n'est pas ma perception!», aboyait l'un de mes patrons pour que je comprenne l'importance de lui donner à voir de quoi être rassuré. Rassurer devrait être la priorité de fond du surdoué au travail, car l'entreprise ne sait pas gérer les extrêmes. Pour un surdoué, savoir jouer son jeu pour se maintenir dans la moyenne est la clé de sa progression en entreprise.

Trop d'intelligence éveille les soupçons. La confiance peut-elle être accordée à quelqu'un que l'on ne comprend pas? Peut-on être à la fois intelligent et fiable?

Être intelligent n'est pas une qualité, ce n'est pas un choix. La fiabilité, par contre, est une qualité: sont fiables les personnes qui se montrent consciencieuses, qui savent travailler dur et se discipliner pour atteindre des résultats. Cela se voit et c'est rassurant. Un surdoué, c'est bien connu, ne travaille pas dur et passe son temps à se disperser. On ne peut jamais

---

1. Voir page 57.

être sûr qu'il remplira ses objectifs à temps. D'où la conclusion populaire qu'il vaut mieux ne pas être trop futé mais fiable, plutôt qu'intelligent mais ingérable.

Par ailleurs, la pensée du surdoué se concentre surtout sur le fond (objectifs et résultat), beaucoup moins sur la forme (règles, relations, apparences). Or l'entreprise, qui a d'abord besoin de cohésion sociale, privilégie le contraire.

L'évaluation d'un salarié ne se base pas seulement sur son savoir et son savoir-faire, mais aussi (beaucoup) sur son savoir-être avec les autres. Avant même de parler de l'atteinte de ses objectifs, savoir travailler avec les autres, jouer en équipe et développer un réseau sont des qualités essentielles que l'entreprise récompensera par une promotion. Le salarié doit avant tout rassurer sur sa capacité à jouer collectif et à faire des efforts avec les autres. Si c'est le cas, l'entreprise ne doutera ni de sa loyauté, ni de sa fiabilité.

En fait, le surdoué méconnaît et néglige certains implicites essentiels :

- Se focaliser sur sa seule mission est une erreur majeure : hors l'énorme travail qu'il produit, généralement seul, il ne réseaute pas et n'essaie pas de se valoriser auprès des autres. Pourquoi son manager lui donnerait-il une promotion – ce qui impliquerait de le laisser partir dans un autre service – alors qu'il abat autant de boulot ?

  Le manager manipulateur exploitera sans vergogne le don du surdoué à sous-estimer ses performances pour ne pas le gratifier (« Je ne peux pas envisager de t'augmenter. Dépasser l'objectif ce n'est pas l'atteindre » Anecdote véridique !). Après tout, dès lors que les tâches sont effectuées sans vraiment d'efforts, comment le surdoué peut-il insister pour en être récompensé ?

- Quant à ses résultats, au-delà du seul quantitatif, il ne faut pas oublier la qualité. Spécialiste de productions singulières, uniques, novatrices, capable de simplifier, d'améliorer d'approfondir – même si ce n'est pas nécessaire immédiatement mais parce que ce sera utile « plus tard » –, le surdoué ne se sent pas reconnu, ni remercié pour ses efforts (puisqu'on ne le voit pas en faire). Rappelez-vous que « ce qui ne peut pas se mesurer n'existe pas ».

**«** Nous disposions d'un logiciel gratuit qui était une abomination ! Du coup, pendant les deux semaines de vacances de Noël, j'ai créé un programme qui était non seulement plus pratique, mais aussi bien plus performant. De retour au boulot, j'ai présenté mon programme qui fut mis en service immédiatement. Au final, je n'ai même pas eu droit à un seul remerciement de la part de mes collègues, encore moins de la direction…, et mon épouse m'a fait la tête. **»**

Inode

- Être introverti est un handicap certain. On ne sait pas ce que pense le surdoué car il ne dit rien. Pour que l'on songe à lui donner une augmentation ou une promotion, il faudrait qu'il fasse son marketing, qu'il se mette en avant, qu'il s'appuie sur un réseau… Le peu d'intérêt qu'il montre en outre pour l'argent le dessert également. On doute de sa motivation à vouloir en faire gagner à l'entreprise, lui qui semble ne pas en chercher à en gagner davantage lui-même ?

- Négliger de gérer sa réputation, et plus encore son image, est rédhibitoire. Comment les autres peuvent-ils imaginer que le surdoué est bien en train de réfléchir à sa mission alors qu'ils le voient rêvasser à la machine à café, surfer sur des sites Web sans rapport avec ce sur quoi il travaille, sortir se dégourdir les jambes ?

Ne parlons même pas de la réputation qu'un jaloux va forger au surdoué sans même déformer les faits, juste en soulignant ses différences incongrues et en passant sous silence ses résultats ! Il lui suffira de pointer la difficile gestion de ses émotions, par exemple. Collaborateur attentif à atteindre ses objectifs, on ne retient pourtant de lui que son mauvais caractère : il s'emporte contre l'incompétence de l'un, s'entête ici, manque de coopération là. « Tu bosses bien, dommage que tu sois aussi agitée », m'a-t-on dit.

**«** Je ne cire pas assez les pompes. Or on n'écoute que les bons cireurs de pompes. Mon travail, mes efforts, mon mérite ? Je ne communique pas dessus, je suis déjà passée à la suite. J'ai le souvenir d'une affaire gagnée après 6 mois de boulot acharné week-ends inclus, où une communication a été faite à toute la boîte pour féliciter mes deux chefs sans même me citer. **》**

Laetitia

**《** Trop franc, trop honnête et pas suffisamment de "public relations" avec les hauts placés. **》**

Cynorhodon

**《** Ce qui me préoccupe, c'est de cultiver mon "savoir-faire" et j'en oublie le "faire savoir". Je vis encore dans la croyance que la promotion marche au mérite. Je me corrige pour me faire reconnaître, mais j'avoue n'être pas doué pour tout ce qui consiste à "faire de la politique". **》**

Jean-Claude

- Au chapitre de l'image, sa créativité a mauvaise réputation. Une étude[1] arrive à la conclusion qu'un créatif n'apparaît pas comme un leader crédible! L'entreprise – qui a besoin d'ordre et de contrôle – ne saurait donc créer une situation explosive en offrant le leadership à un surdoué naturellement créatif, dont l'image est celle d'un solitaire qui produit des choses hasardeuses par un processus chaotique et désordonné. Elle ne peut s'accommoder ni de hasard, ni de chaos, ni de désordre, elle a besoin de stabilité.

**《** Je ne sais pas pourquoi je n'obtiens pas de reconnaissance. Peut-être parce qu'ils ne comprennent pas comment j'en suis arrivée là, par quel chemin je suis passée. Alors ils n'arrivent pas à croire à la réalité du résultat. Peut-être. **》**

Armelle

**《** Je ne suis pas en mesure de leur démontrer clairement par A + B, comme ils l'attendent, qu'ils peuvent me faire confiance et que, la

---

1. "Recognizing Creative Leadership: Can Creative Idea Expression Negatively Relate to Perceptions of Leadership Potential?", J. S. Mueller, J. A. Goncalo & D.Kamdar, (2010), *Journal of Experimental Social Psychology*.

plupart du temps, je sais où je vais. Quand on vous demande d'écrire un plan avant même d'avoir commencé à réfléchir à un sujet, forcément c'est compliqué. Laisser la place à l'inconnu est trop déstabilisant, dangereux pour eux, ils préfèrent tout border d'entrée. **》**

Gabriel Fouquet

**《** J'ai rencontré deux types de personnes dans ma vie professionnelle. Ceux qui voyaient un bénéfice à ajouter en série mon cerveau dont ils mesuraient la puissance et savaient à quel point le circuit global pouvait être optimisé. Une majorité de personnes avait peur de cette puissance et préférait monter mon cerveau en parallèle du leur, dans un circuit inutile et redondant, le plus loin possible du circuit principal, quitte à garder un circuit global inapte à faire fonctionner une ampoule. **》**

Nathalie

- Intelligence et performances avérées ne pourront jamais pallier un manque de diplôme. Ce respect du diplôme, propre à la France, est toujours d'actualité…

- Enfin, le surdoué qui se montre trop négatif (« Tous des fainéants », « Tous des pourris », « Tous des idiots »…) ne sera logiquement pas promu.

Le manque de reconnaissance en entreprise prolonge ce sentiment de décalage que le surdoué a déjà ressenti à l'école. Pour lui, l'isolement prévaut, la confiance avec ses collègues est nulle…

Changer d'entreprise, alors ? Comme auparavant à l'école, l'asphyxie intellectuelle s'insinue et le surdoué s'éteint peu à peu. Certes, il a conscience de s'étioler, mais il a surtout conscience du poids de sa singularité : à quoi cela servirait-il d'aller ailleurs puisque le même schéma se reproduira ? Il serait logique de partir, pourtant il reste, traînant sa désespérance existentielle, qui virera à la dépression pour masquer son ressentiment et sa colère, inexprimables et condamnables en entreprise.

Corten, Nauta et Ronner notent à propos des surdoués : « *S'ils ne sont pas reconnus pour leurs capacités, ils arriveront peut-être tout juste à se débrouiller pour se maintenir la tête hors de l'eau. Certains sautent d'un job à l'autre, touche-à-tout et maîtres de rien. Ils gaspillent une énorme énergie à longuement essayer de s'adapter à des circonstances qui ne leur sont pas favorables. Ils ne sont en général pas conscients de ce qu'ils sont surdoués et beaucoup se considèrent même comme stupides.*[1] »

À ce constat, Grady Towers répond de façon plus positive : « *Ce qu'il nous est laissé, c'est le savoir. Nous sommes ceux qui apprenons, qui comprenons, qui découvrons, et qui inventons. Ça devrait déjà être un challenge largement suffisant pour nous* »[2].

Bien au-delà de toute promotion, la déconnexion, l'isolement social et la marginalisation guettent le surdoué qui ne réussira pas à trouver la stratégie gagnante pour préserver son intégrité psychique, ni à apprendre à vivre et à progresser avec des gens qui, visiblement, ne fonctionnent pas comme lui.

Ne pas stagner, c'est, pour le surdoué, comprendre ce « visiblement » et apprendre à développer des stratégies pour s'adapter à ce monde différent sans se renier.

**❰❰** Je n'ai jamais compris ce qu'il fallait faire pour être "reconnu". Je suis en échec total et radical depuis mon entrée dans l'administration. Alors maintenant, je crois que je vais arrêter d'essayer d'être reconnu, ce sera plus simple. Quand on renonce à faire carrière, on se sent finalement plus léger, n'est-ce pas ? **❱❱**

Florian

---

1. "Highly intelligent and gifted employees – key to innovation?", F. Corten, N. Nauta, S. Ronner, Conférence internationale des spécialistes en ressources humaines, « Une société de l'apprentissage permanent pour un développement durable », Amsterdam 11 octobre 2006.
2. "The empty promise", en français «La promesse vide de sens» article rédigé pour la Mega Society.

# Chapitre 3

# QUAND LA CRISE SURVIENT

« *Ce qui doit donner de la lumière doit d'abord supporter de brûler.* »

Viktor Frankle, *Man's Search for Meaning*

Au regard de tout ce qui précède, il n'est pas bien compliqué d'imaginer que le mode de fonctionnement si singulier du surdoué le conduit, plus que la moyenne, à rencontrer des difficultés au cours de sa carrière professionnelle.

Gênes diverses ressenties au milieu d'un environnement à la sensibilité moins développée, agacements générés par le manque de savoir-vivre au quotidien, frustrations qui découlent du décalage de sensibilité, de vision ou du différentiel de repères…, quand structure et management de l'entreprise sont peu flexibles, les coups de bec ne vont pas manquer de pleuvoir sur ce drôle d'oiseau qui agace et inquiète.

Pour un surdoué, les mécanismes d'adaptation sont en permanence à l'œuvre, en ne lui laissant que fort peu de repos jusqu'à l'épuisement : burn out quand le cerveau tourne en permanence – à si haut rendement qu'il en épuise le corps – et, à l'inverse, bore out quand l'ennui, tel le pire des poisons, provoque un syndrome d'épuisement professionnel tout aussi dévastateur.

Dans tous les cas, l'épuisement émotionnel menace.

La crise est issue de la rencontre entre des visions différentes du monde. Elle se résout par le dialogue ou débouche sur un conflit. Quand le dialogue semble impossible, que le monde du travail apparaît délétère, il devient tentant pour le surdoué de plaider le handicap. Mais est-ce une stratégie gagnante?

## Harcelé, harceleur, ou un peu des deux?

**«** Ils sont jaloux! Ils voient bien que je suis plus rapide, plus *"aware"* qu'eux. Ils n'arrivent pas à me mettre dans les cases. **»**

Le Loup

**«** Le plus dur est d'être attaqué ou critiqué sans avoir la moindre idée de ce que j'ai fait de "mal". Jalousie, obséquiosité, hypocrisie, etc. Quand on a soi-même un très fort sens moral, éthique, de justice, il est difficile d'imaginer que quelqu'un puisse faire volontairement du mal à autrui. **»**

Jean-Marie

**«** Les collègues te considèrent comme un arriviste qui veut se faire mousser. Déjà, tu n'es pas assez sociable et tu ne t'habilles pas comme il faut. Mais surtout tu dévisages les gens avec un regard qui les met mal à l'aise, en utilisant un langage que personne ne comprend. Mets-toi au niveau de ton public. Il faut que tu acceptes de mal travailler. J'en suis tombé malade. **»**

Florian

*« Le harcèlement moral au travail se définit comme toute conduite abusive (gestes, paroles, comportement, attitude…) qui porte atteinte, par sa répétition ou sa systématisation, à la dignité ou à l'intégrité psychique ou physique d'une personne, mettant en péril l'emploi de celle-ci, dégradant*

*le climat de travail*», indique Marie-France Hirrigoyen[1]. Introduit dans le Code du travail et dans le Code pénal en 2002, le harcèlement moral est un délit en France.

Le harcèlement est un fléau. En France, 10 % des écoliers sont victimes de violence scolaire (de la part d'autres élèves, mais aussi de professeurs). Sur les adultes qu'ils deviendront, l'impact est important : agoraphobie, phobie sociale et, *a minima*, introversion qui leur sera ensuite reprochée en entreprise.

En Europe, en 2010, 14 % des travailleurs européens déclaraient avoir subi au moins un type de comportement social hostile. La même année, en France, le harcèlement moral aurait touché plus d'un salarié sur cinq.

La mécanique du harcèlement peut s'installer très vite à l'encontre du surdoué parce qu'il est hypersensible, perfectionniste, en mal de reconnaissance, et que ses idées sont toujours « hors du cadre ». L'une des manifestations de ce harcèlement est le *Tall Poppy Syndrome* (syndrome du coquelicot trop grand), qui s'illustre par la négation de l'excellence au motif qu'aucune tête ne doit dépasser.

Toutes les situations de harcèlement ne proviennent pas forcément d'un seul pervers. L'entreprise est un lieu agressif et souvent psychorigide, dont le conformisme cognitif et la faible tolérance à la diversité ne conviennent pas au surdoué. De son côté, le surdoué qui s'ignore, par ses attitudes maladroites, peut déclencher des comportements agressifs à son égard ; animosité qu'il comprend si mal qu'il se posera en victime avec la meilleure foi du monde.

Un surdoué ne comprend par exemple pas qu'il irrite en exprimant ouvertement son agacement devant la lenteur, la vue à court terme, l'imprécision, l'incompétence, la vacuité et la bêtise de ceux avec lesquels il travaille. Il lui arrive même de faire peur quand il « voit » ce que l'on cherche à cacher, confronte son manager, questionne la discipline de groupe... À sa décharge, sa façon de s'exprimer reflète le mode disqualifiant avec lequel son environnement, famille et école, s'est toujours adressé à lui, et son

---

1. *Le harcèlement moral : la violence perverse au quotidien*, La Découverte & Syros, 1998.

hypersensibilité le rend surréactif aux micro-agressions du quotidien, tout particulièrement aux incivilités – reflet de la dissolution du lien social.

**«** Expliquer et cirer les pompes prend trop de temps, alors j'oublie de le faire. Et comme je n'explique rien (ce qui m'évite aussi de m'énerver quand ils ne comprennent pas et me font perdre trois jours pour des détails sans importance) et que je ne fais pas les trucs inutiles, je suis ingérable. **»**

Laetitia

Le corps constitué de l'entreprise (équipe, managers…) se soude en un réflexe de préservation, sa stratégie consistant à rejeter l'élément perturbateur qu'il ne sait pas assimiler. Même s'il s'agit d'un réflexe de défense, il n'en constitue pas moins une agression caractérisée à l'encontre du sujet qu'il élimine : dénigrement de son travail, isolement. La forte hiérarchisation dans certaines entreprises n'arrange rien et n'encourage pas le dialogue : « Le chef a toujours raison ! »

Le collaborateur surdoué, qui a beau faire plus et mieux que ce qui lui est demandé, est perçu comme une «personnalité difficile» et ingérable. Son manager, qui doit préserver la cohésion du groupe, se sent démuni face à la personnalité forte du surdoué (extraverti avec une énergie envahissante et épuisante, ou bien introverti, étrange et silencieux). Il adopte alors la seule attitude qu'il a apprise : la coercition pour contraindre ce collaborateur à s'améliorer ou à rentrer dans le rang «pour son bien».

Aux premières remarques, le surdoué va faire preuve de bonne volonté : le souvenir du rejet à l'école est encore si vif qu'il comprend qu'il vaut mieux faire profil bas. Mais la meilleure volonté du monde ne suffit pas toujours pour faire cesser les reproches.

En théorie, le surdoué excelle à comprendre les jeux d'acteurs, mais là, il est incapable de s'analyser correctement lui-même puisqu'il ne saisit pas la nature du décalage existant entre lui et les autres. Une faible estime de lui peut même le conduire à utiliser les mauvais leviers, parce qu'il se perçoit seulement insuffisant alors que ce sont la force et la puissance qu'il dégage qui effraient les autres.

Alors le malentendu s'aggrave, un processus de surenchère s'installe. Remarques, moqueries, manœuvres et contrôles à son encontre le blessent toujours plus. Le dialogue s'effiloche, les relations se tendent, le peu de confiance qu'il avait en lui disparaît définitivement et la situation se bloque : le harcèlement est en place.

Rétention d'informations, marginalisation lors des réunions, « oubli » d'invitations, excuses (« Vous avez dû mal comprendre »), rumeurs…, il existe mille tactiques pour réduire un collaborateur surdoué qui refuse de rentrer dans le rang. Peur, paranoïa, puis léthargie, sidération et épuisement surgissent alors chez le surdoué qui est la cible de ce harcèlement. Il n'arrive même plus à se battre, juste à limiter l'agression, et son unique but est d'éviter de se faire détruire.

Le suédois Reuven Kotleras, qui en a lui-même fait l'expérience en tant que hautement surdoué, note que le harcèlement induit un véritable trouble de stress post-traumatique. Basculer en mode survie ralentit les fonctions cognitives, la peur étouffe l'intellect : la productivité baisse, les pensées tournent à plein régime et détournent du travail, ce qui conduit à l'épuisement psychique, physique, voire à l'arrêt (maladie).

L'histoire se termine par le départ du surdoué : mutation, démission, licenciement pour incompatibilité d'humeur, faute grave (parfois inventée). C'est un véritable gâchis pour l'entreprise, mais aussi pour le surdoué dont la souffrance est intensifiée par les souvenirs de situations antérieures similaires et par sa propre hypersensibilité.

Isolé, le surdoué a subi une attaque « de l'être » plus encore que « du faire ». La question « Où est ma place ? » se pose de nouveau à lui, lancinante, le poussant parfois à choisir le suicide.

S'il se retrouve au chômage, un surdoué n'arrive plus à envisager le retour à la vie active, de peur que « ça » recommence. La phobie sociale demeure et l'estime de soi est durablement atteinte. Si retour à l'emploi il y a, le surdoué va s'efforcer de ne pas se faire remarquer, prêt à endurer beaucoup pour se faire accepter, au risque de vivre une nouvelle crise s'il n'a pas travaillé sur les fondements de la précédente.

Attention, un surdoué aussi peut harceler. Le recours à des propos à l'humour mordant est sa grande spécialité (le «bon mot» qui tue, «juste» pour rire). Après tout, lui aussi a des idées et des objectifs à défendre, et peut être irrité par un ou plusieurs de ses collègues ou collaborateurs qui ne les comprennent pas. Lui aussi peut être en colère, avoir des sentiments négatifs envers lui-même, et les projeter et les exprimer en se vengeant sur quelqu'un de plus faible («*La violence est pour l'agresseur une drogue anesthésiante, et il instrumentalise les victimes dans le but d'obtenir une anesthésie émotionnelle.*[1] »). Lui aussi peut vouloir imposer sa loi ou, quand il est manager, tout simplement ne pas avoir conscience que son équipe ne fonctionne pas comme lui.

L'intensité, l'énergie et le perfectionnisme du surdoué peuvent le transformer en harceleur, alors même qu'à ses yeux il cherche juste à bien faire les choses. Son exigence, sa puissance de travail, son débit de paroles (accentué par la force des mots choisis) peuvent être ravageurs quand, dans le même temps, la facette publique le fait apparaître comme une personne charismatique. Steve Jobs en est un parfait exemple, dont les admirateurs ne font pas pour autant taire ceux qui présentent la face sombre du personnage. Les deux facettes coexistaient chez Jobs, et c'est vraisemblablement ce qui a fait une bonne partie du succès d'Apple.

## BURN OUT...

Le terme «burn out», apparu dans les années soixante, a longtemps été utilisé pour qualifier le syndrome d'épuisement caractérisant des personnes travaillant pour d'autres personnes, qui ont le sentiment de ne pas y arriver, de s'user et d'être épuisées par une exigence excessive en énergie, en force ou en ressources.

Le burn out change les circuits neuraux du cerveau et diminue la capacité de ceux qui en sont atteints à gérer les situations de stress. Plus on a été

---

1. Dr Muriel Salmona, Association Mémoire traumatique et victimologie, http://www.memoi-retraumatique.org/

stressé, plus il est difficile de faire face aux facteurs de stress à l'avenir. L'amygdale est en cause : zone du cerveau associée à la peur et à l'agression, elle est connectée directement aux aires du cerveau qui traitent la détresse. Le burn out renforce la taille de l'amygdale en même temps que sont fragilisées ses connexions avec le cortex préfrontal médian, dans lequel se traitent les fonctions exécutives qui permettent, entre autres, l'adaptation aux situations[1].

**«** Ce qui tue vraiment, c'est quand l'espoir n'y est plus, quand on n'y croit plus, quand on se dit que l'on va se prendre porte après porte sans jamais en voir le bout. On reste comme un idiot au milieu de la route, et on ne peut plus bouger. Gauche ou droite, tout droit, quelle importance ? Il y a un moment où il faut une sacrée foi, quand on sait que tenter de se conformer n'est pas la solution, qu'il ne faudrait pas démissionner mais prendre son mal en patience. Mais quand tout semble ubuesque, on fait quoi ? **»**

Laetitia

Traduit en français par « épuisement professionnel », car exclusivement étudié dans un contexte professionnel, le burn out déborde désormais sur la sphère familiale, avec la reconnaissance grandissante du burn out parental, source de nombreuses violences. Une situation particulièrement difficile à gérer quand on est parent solo actif et qu'on manque de temps pour soi, ou tout simplement pour se reposer vraiment.

Le burn out est un processus pernicieux. Lent et progressif, il use peu à peu toutes les ressources d'adaptation (intellectuelles, physiques, émotionnelles) de celui qui le subit, à l'image de la grenouille plongée dans une eau qui chauffe et qui va s'adapter jusqu'à l'épuisement, sans plus avoir la force de s'échapper (ni même d'y penser).

Le burn out signe la perte de sens du travail que l'on effectue. La surcharge de travail en temps contraint en est souvent le déclencheur, à côté

---

1. A. Golkar & al., *"The Influence of Work-Related Chronic Stress on the Regulation of Emotion and on Functional Connectivity in the Brain"*, Max Planck Institute for Human Cognitive and Brain Sciences, Germany, 2014.

d'autres facteurs : faible soutien social, manque de ressources, d'autonomie et d'équité, faibles récompenses, conflits de valeurs.

Le burn out a des conséquences graves sur la personne qui en est victime. Le processus commence doucement par un manque d'entrain, une humeur triste, du ressentiment, de l'irritabilité, l'incapacité à s'endormir ou des insomnies au milieu de nuit. Il continue par une fatigue chronique, une difficulté de concentration et le recours à des addictions pour tenir. Il se termine par des complications cardiovasculaires (hypertension), des maladies chroniques (le système immunitaire devient pathogène et se retourne contre son propriétaire), conduisant parfois à la dépression, voire à des idées suicidaires.

Le burn out ne peut se soigner que par le repos : prendre des antidépresseurs n'a aucun effet sur lui, car il n'a rien à voir avec une dépression.

En 2015, la France n'a toujours pas reconnu le burn out comme maladie professionnelle, peut-être parce qu'il ne fait pas partie du DSM-V[1], ni de la classification internationale des maladies de l'Organisation mondiale de la santé, même si cette dernière signale l'impact sanitaire du burn out dans un rapport de 2008.

Le surdoué, plutôt bourreau de travail (*workaholic*), peut être concerné par le burn out, car il n'a généralement pas conscience de ses limites. Il se sent au mieux de sa forme quand il travaille à pleine vitesse sur plusieurs projets en parallèle : l'esprit clair et délié, il tourne à plein régime ! C'est une vraie force de la nature, n'en déplaise à ceux qui ne sont pas capables du même rendement, mais, toute superbe machine intellectuelle qu'il est, le surdoué n'en est pas moins humain… Il éprouve un immense plaisir à se déployer tous azimuts, jusqu'à en oublier le risque de dépasser les limites. Quand le cerveau tourne comme il en a envie (et parfois en surchauffe, il faut le reconnaître), le surdoué n'est pas vraiment disposé à écouter la fatigue de son corps. Trop passionné pour prêter attention aux signaux qu'il lui envoie, trop perfectionniste pour s'autoriser à déléguer, trop désireux de plaire pour savoir dire « non », le surengagement le menace.

---

1. Manuel de référence pour le diagnostic des troubles psychiatriques.

L'hypersensibilité naturelle du surdoué devrait jouer un rôle protecteur, surtout en situation tendue, quand la pression de sa charge de travail augmente plus encore et que ses valeurs fondamentales d'intégrité et de fiabilité sont mises à mal. Mais la pensée du surdoué tyrannise tout : pas question que la surcharge émotionnelle qui résulte de cette pression fasse obstacle à sa performance : il bride ses émotions et le corps doit suivre.

Et, tout à coup, c'est l'effondrement : plus de forces, un épuisement sans fond contre lequel le surdoué lutte, en cherchant désespérément de l'énergie pour continuer à la même vitesse. Perdre le contrôle à cause d'un manque de concentration et de la fatigue le panique, ralentir l'angoisse.

Le burn out touche des personnes très engagées dans leur travail, à l'instar du surdoué. Or il est tout simplement impensable que ce dernier reconnaisse faire un burn out, car ce serait un aveu de faiblesse !

Personne ne remarque la progression du burn out chez le surdoué : « avant », il travaillait deux à trois fois plus vite que n'importe qui et, maintenant, même épuisé, il travaille encore aussi vite que n'importe qui (lui seul sait que sa pensée ne tourne plus aussi vite, mais il ne le dit pas). Tout au plus les autres perçoivent-ils son irritabilité augmenter, mais ils en ont l'habitude… La loyauté (la fierté !) du surdoué l'emporte : malgré la tension qu'il sent bien croître, il avance toujours, jusqu'au jour où ce n'est plus possible et qu'il est obligé de s'arrêter. Et là, la hiérarchie n'apprécie pas !

Comparé aux autres individus subissant un burn out, les surdoués peuvent aller très loin, beaucoup plus loin que la moyenne avant de tomber épuisés.

Bonne nouvelle : on ne meurt pas d'un burn out, donc on a une chance de s'en relever, un jour, quand on aura pris le temps de se reposer. Mais, pour beaucoup de surdoués auxquels la notion de « lâcher prise » est étrangère, ce n'est pas gagné d'avance…

### … Ou bore out ?

« Faire acte de présence, ça a le don de m'énerver. Mais les primes sont données au temps passé dans l'entreprise. Pourquoi rester au travail si le boulot est fini ? Passer des heures à bouger sa souris pour faire passer le temps, c'est long. J'ai toujours trouvé qu'on me faisait travailler avec un frein à main. **》**

Inode

**《** L'ennui se comporte comme un trou noir à toute motivation, c'est un gros frein pour avancer. Je procrastine 90 % du temps. Les 10 % restants, j'essaie de sauver les apparences pour garder mon boulot. **》**

Alex

**《** Au travail, j'ai un titre valorisant, mais on exige de moi une tâche insignifiante à mes yeux. J'ai demandé à ce qu'ils prennent en considération mon vrai titre, car je ne fais que le centième de l'intitulé de mon poste. Ils ne veulent pas entendre mes plaintes et me rétorquent que je n'ai rien à dire puisque j'ai un salaire qui correspond à mon titre. Je bouillonne intellectuellement et ça m'étouffe. J'ai l'impression de faire une dépression à cause de ça. **》**

Falza

Quand le chômage sévit, endémique, est-il raisonnable de dire que l'on n'a pas assez de travail ? Pourtant c'est ce qu'aimeraient avouer certains surdoués. Plus que le burn out, c'est souvent le bore out qui menace nombre d'entre eux.

Terme progressivement apparu dans les années 2000, le bore out, syndrome d'épuisement professionnel par l'ennui, se caractérise par l'absence de défis et le désintérêt pour le travail effectué.

Encore très tabou, il ne touche pas seulement les surdoués, mais concerne tous ceux qui occupent un « job à la con », pour citer Béatrice Hibou, directrice de recherche au CNRS[1], ou encore David Graeber[2]. Tous deux dénoncent les effets pervers d'une bureaucratie rampante qui conduit à

---

1. Auteur de *La bureaucratisation du monde à l'ère néolibérale*, La Découverte, 2012.
2. Anthropologue, cofondateur du mouvement Occupy Wall Street, auteur de *The Utopia of Rules : On Technology, Stupidity, and the Secret Joys of Bureaucracy*, en français *Bureaucratie*, éditions Les liens qui libèrent, 2015.

un ultracontrôle de tous les postes de travail, passés à la moulinette de la normalisation. L'exemple vient du «politique», plus précisément des institutions territoriales qui créent ce type d'emploi en remerciement de services rendus.

**«** Fonctionnaire dans une administration, un membre du comité de direction m'a dit un jour que mon travail n'avait effectivement aucune utilité, à part celle de montrer que mon poste était bien occupé par quelqu'un, peu importe ce que je faisais entre mon arrivée et mon départ. Mon psychothérapeute m'a confirmé qu'un fonctionnaire avait bien vocation à occuper une fonction, non à travailler. **»**

Florian

Vous imaginez, pour un surdoué qui trouve déjà ennuyeux et trop simple un job apparemment complexe pour n'importe quel non-surdoué, ce que peut signifier occuper un «job à la con»? Cela le renvoie à l'école : le suivi du programme et rien que du programme, avec un ultracontrôle en prime. En l'absence de tout challenge, son cerveau s'épuise, avec une déplétion des niveaux de dopamine, de noradrénaline et de sérotonine nécessaires à l'apprentissage.

La manifestation extérieure du bore out est l'apathie. Le surdoué qui s'ennuie dans son travail s'effondre aussi sûrement que sous une trop lourde charge de travail! Les chances sont grandes que, dans un sursaut, il aille ouvertement demander à travailler plus, ce qui induit le risque de nouveaux malentendus : sa requête remet en cause l'organisation du travail en place, d'autant plus qu'elle ne porte généralement pas sur la quantité de travail, mais sur son contenu. Voici un exemple significatif que cite M. E. Jacobsen : une secrétaire devait mettre des plis sous enveloppe et les coller. La situation était tellement intenable d'ennui qu'elle demanda à son manager plus de travail, lequel lui donna plus de plis à mettre sous enveloppe alors que, bien sûr, elle demandait plutôt qu'on lui confie une tâche plus intelligente... La demande du surdoué risque donc d'être perçue comme une agression par son manager incapable de proposer une alternative. Agression qui peut laisser la porte ouverte au harcèlement!

Il arrive que le surdoué, préférant quand même garder son emploi, se taise. Plutôt que d'être à nouveau licencié, il va s'astreindre à vivre en sous-régime permanent, au prix de désordres émotionnels qui ne manqueront pas, tôt ou tard, d'avoir sur lui des répercussions psychiques et physiques.

Hyperactivité et irritabilité vont supplanter l'ennui profond de ce surdoué qui ne peut vivre qu'en étant créatif et autonome, comme d'autres respirent. Deux psychologues, Maslow et Csikszentmihalyi, le rappellent : venir quand même chaque jour travailler sans trouver de sens à ce que l'on fait est épuisant. Se rogner en permanence est éreintant.

Les addictions (alcool, troubles du comportement alimentaire, drogues…) s'installent. Elles aident le surdoué à oublier et à émousser sa souffrance. Arrive enfin l'implosion : un boulet entraîne inexorablement le surdoué vers un fond qui n'a pas de fond, vers la destruction de toute dynamique interne, vers la perte absolue de toute confiance en soi, de sens et d'envie.

Le bore out n'est pas anodin : comme dans les situations de harcèlement, le surdoué peut finir par se suicider.

Dans tous les cas, ces crises que sont le harcèlement, le burn out et le bore out, sont émotionnellement éreintantes pour un surdoué : elles révèlent ses limites en matière d'adaptation aux autres, à un monde qu'il a du mal à comprendre et dans lequel il a du mal à s'inscrire.

C'est pourtant ce type de crise majeure qui va donner à un surdoué l'occasion de découvrir vraiment sa nature, de découvrir son surdon[1]. Ou, quand il sait qu'il est surdoué, d'être mis au pied du mur pour comprendre enfin ses valeurs, ce qui le fait avancer, ses besoins profonds, les limites qu'il ne saurait dépasser sans se mettre en danger.

---

1. À noter : toute situation de crise a un impact sur les performances et les résultats des tests. Ceux qui, à un moment pareil, choisiraient d'explorer la piste du surdon doivent consulter un thérapeute bien informé. Sinon, si les tests leur donnent à tort un QI inférieur au fameux seuil de 130, leur état psychique en sera aggravé et ils seront renvoyés à leur errance et à ses infernaux questionnements (« Où est ma place ? »).

## INVOQUER LE SURDON COMME HANDICAP, UNE SOLUTION ?

La question revient de façon récurrente : et si être surdoué était un véritable handicap ? Ça l'est, à mes yeux, indéniablement, quand on manque d'informations. Toutefois, lorsqu'un surdoué entame une démarche de compréhension de son mode de fonctionnement singulier, il engage également un travail sur lui qui va s'attacher à neutraliser ses traumatismes et à mettre en lumière l'interaction entre inné (surdon) et acquis (histoire personnelle).

Le surdon est une réalité neurophysiologique qui fonctionne comme un amplificateur. D'une certaine façon, c'est un mécanisme neutre qui agit aussi bien dans le sens du positif que du négatif.

Quels avantages y aurait-il alors à reconnaître un statut de « handicapé » au surdoué ? Justifier qu'il ne travaille pas comme tout le monde et que sa sensibilité est bien plus élevée ? Lui faciliter des mutations ou l'obtention de formations spécifiques ?

Du point de vue de l'entreprise, la reconnaissance du surdon en tant que handicap présenterait un double avantage. Elle pourrait lui éviter à bon compte de payer une amende puisqu'elle atteindrait plus facilement son quota de travailleurs handicapés et, en plus, elle intégrerait des collaborateurs très performants capables d'abattre un travail énorme et varié (contrairement à ce que préconisent les pratiques classiques de la médecine du travail, quand un surdoué est déclaré inapte à un poste, il ne faut surtout pas lui proposer un poste allégé en contenu par rapport à celui qu'il vient de quitter, bien au contraire !).

Toutefois, il est quand même paradoxal de voir l'intelligence mise à l'index et qu'elle soit considérée comme un handicap, alors que tout le monde ne jure que par la nécessité de l'intelligence et des talents ! À mes yeux, reconnaître le surdon comme un handicap n'est pas viable : ce serait le plus sûr moyen d'exclure les surdoués de la société. Même s'il est plus facile de créer des catégories, des communautés, des ghettos, mieux vaut faire l'effort de vivre avec la différence.

À mon sens, l'entreprise est un peu aujourd'hui comme une gigantesque chaîne de production qui élimine tout objet présentant le moindre défaut (tout individu hors cadre) et la machine s'emballe : de plus en plus de « produits » présentent des défauts, ne sont pas dans la norme, sont isolés et condamnés. Or ces rebuts sont pourtant des humains, et les bannir entraîne de très graves conséquences en termes de cohésion sociale.

Avoir peur de l'« autre », dès qu'il est un tant soit peu différent, mène à la guerre, celle qui naît de la peur de l'inconnu. Or l'inconnu résulte d'une absence de savoir. Je crois donc à l'importance d'informer largement sur les spécificités des surdoués afin de favoriser le dialogue et d'apaiser les relations entre surdoués et non-surdoués, qui peuvent s'enrichir mutuellement de leurs différences.

**《** "Surdoué" : ce mot me rend malade ; il suggère trop la performance. Je sens très bien le décalage avec les autres ; quand je l'oublie, je me le fais rappeler d'ailleurs, par de la moquerie ou de l'hostilité. Mais je ne puis m'imaginer au-dessus des autres, plus que les autres. Si nous continuons à utiliser ce mot, ne sommes-nous pas aussi coupables que ceux qui continuent à utiliser le QI ? **》**

Jed

# Chapitre 4

# ENTREPRISE ET SURDOUÉ : LE GRAND MALENTENDU ? DÉCRYPTAGE

*« Le terme nébuleux de "succès" n'est pas nécessairement lié au surdon, mais plutôt bien souvent à une qualité marchande. »*

Roland S. Persson

*« Ce ne sont pas vos aptitudes, mais votre attitude qui déterminera votre altitude. »*

Zig Ziglar

Submergé par la vague numérique, confronté à des règles qui changent à toute allure, le monde du travail est malmené, bousculé, traversé par des courants évoquant plus la tempête que la modification de trajectoire.

Les entreprises recherchent des « talents » et des « profils atypiques » pour se développer ; dans le même temps, les surdoués se plaignent d'être malheureux au travail ou en cherchent en vain la porte d'entrée. Que se passe-t-il ?

Et si décrypter les malentendus permettait enfin de mettre en avant les atouts des surdoués en entreprise ?

## ENTREPRISE CHERCHE COLLABORATEUR
## AYANT DU SAVOIR-VIVRE

Une entreprise est une communauté avec sa constitution (statuts), ses lois (règlement intérieur), sa hiérarchie, sa culture (valeurs, normes, symboles, rituels, règles qui en font l'identité). L'objectif de l'entreprise est de fournir des biens ou des services en faisant du profit. Cet excédent lui permet de se développer et de mettre en œuvre sa stratégie. Et, pour construire cet avenir, elle recrute des compétences et des expertises (ressources humaines) et les mobilise.

À partir de la fin du XVIII<sup>e</sup> siècle, avec l'apparition de la mécanisation et de la vapeur, la révolution industrielle a introduit la concentration humaine, la production en série, la recherche de l'utilité matérielle et de la rentabilité. Avec Adam Smith, le travail a été divisé rationnellement en tâches élémentaires, parcellaires et répétitives; Ford, Taylor, Toyota, à la conquête du monde économique, ont à leur tour introduit la maîtrise des coûts pour tendre vers des profits maximaux.

À peine la mondialisation achevée, l'intrusion des problématiques d'informations, d'énergie et de pénurie des matières premières ont exacerbé la concurrence, fragilisé les monopoles, accéléré les changements, complexifié les environnements. La main-d'œuvre est devenue une simple variable d'ajustement.

En France, sur 3 millions d'entreprises, 243 emploient 30 % de la population active[1]. On constate que, comme au XIX<sup>e</sup> siècle, l'entreprise d'aujourd'hui recrute et continue de gérer ses ressources humaines comme des ressources matérielles. Les besoins en ressources humaines s'expriment désormais en termes de capacités de production. Dans le même temps, pour s'inscrire dans une dynamique compétitive, la cohésion de groupe, la capacité d'innovation, d'apprentissage, etc., doivent être préservées.

À quoi s'attache une entreprise lorsqu'elle recrute? À l'adéquation des compétences du collaborateur à embaucher avec le poste à tenir bien sûr,

---

1. Source: Insee, Ésane, Clap, Lifi, 2011.

mais plus encore, elle va attendre avant tout de lui à savoir vivre avec les autres autour de valeurs communes. Si le futur collaborateur fait montre d'autres qualités, cela n'en sera que mieux. Mais, au fond, on ne le lui demande pas vraiment.

Dans une PME, l'accent sera mis sur la polyvalence et l'adaptabilité, qui impliquent réactivité et créativité. Disposant de moins de moyens qu'une grande société, elle valorisera la débrouillardise et permettra à ses collaborateurs de prendre des initiatives.

Dans une grande structure (société ou administration), les rôles de chacun sont plus précisément définis et on attend d'abord des collaborateurs qu'ils soient capables de rentrer dans les rangs. Maîtriser les règles du marketing personnel, qui permet d'affronter la concurrence interne et de faciliter la progression dans l'entreprise, est un plus. L'adhésion des salariés à l'« esprit maison » est un gage d'implication, de motivation et de performance. Elle est aussi un vecteur de fidélisation, car elle diminue le turnover et développe un sentiment d'appartenance au groupe.

On voit bien aujourd'hui que les recrutements privilégient souvent le mode de l'appartenance et du clonage, les compétences passant au second plan, le risque pour l'entreprise étant alors de s'appauvrir intellectuellement et de perdre sa capacité d'innovation et de développement. Toutefois, sans ces qualités de sociabilité qui préservent la cohérence de l'action, l'entreprise perdrait beaucoup d'énergie à s'organiser au quotidien et aurait peu de chances de se développer.

Le monde de l'entreprise présente de nombreuses similitudes avec celui d'un champ de bataille, lieu d'affrontement entre temps courts et temps longs : la stratégie relève du temps long, quand l'action relève du temps court. Pour agir dans un temps court, une cohérence de l'action est nécessaire.

Les managers sont rarement formés à leur rôle de commandement : ni à l'école, ni par l'entreprise. On devient manager grâce à ses compétences techniques ou à son sens politique personnel, au moins dans les plus grosses organisations, alors que le verbe « manager » signifie « ménager l'autre » et prendre en compte son évolution affective et sociale… Dans la réalité, manager consiste surtout à appliquer strictement des consignes et, dans la droite ligne de la grande vision machiniste des premiers capitaines d'industrie, à atteindre des objectifs sans la moindre émotion.

Ce style de management est fondé sur la toute-puissance du chef et un système binaire de « récompense/sanction » : d'un côté promotion, salaires, attributs du pouvoir, de l'autre stagnation et – à terme – perte de l'emploi. Ce système binaire, extrêmement descendant, induit la peur à tous les étages et fait dire au coach et conférencier américain Steve Chandler : « *La plupart des managers se voient comme des baby-sitters, des résolveurs de problèmes et des pompiers. C'est ainsi qu'ils produisent des enfants dociles et des problèmes, et allument des incendies tout autour d'eux* ».

C'est à ce prix que semble devoir se maintenir la compétitivité des entreprises. L'obéissance absolue, qui assure survie et pérennité, devient donc le premier critère d'adaptabilité de ces collaborateurs. En résumé : « Réfléchir c'est le début de la désobéissance ! ». Une injonction très contre-productive quand elle est assénée à un surdoué qui ne saurait obéir sans réfléchir, quitte à questionner les directives pour mieux leur donner un sens.

## SURDOUÉ CHERCHE ENTREPRISE POUR ACTIVITÉ AYANT DU SENS

Comprendre ses motivations (attentes, valeurs) est fondamental pour l'estime de soi, mais aussi pour une carrière professionnelle heureuse sur le long terme. En sachant pourquoi on fait tel ou tel choix, on sait poser des limites et on refusera avec un réalisme raisonné telle proposition d'évolution. Comprendre ses motivations facilite la dynamique personnelle et l'affirmation sereine de ses besoins. C'est vrai pour tous, mais plus encore pour les surdoués.

Les analyses de Frans Corten montrent qu'un surdoué sur trois ne fonctionne pas dans l'entreprise dans des conditions adaptées à ses capacités ou à ses besoins.

Si acquérir des compétences revêt pour lui un très grand intérêt, le surdoué doit d'abord impérativement s'attacher à mettre en adéquation ses valeurs et ses besoins, mais aussi choisir un environnement qui lui convient, avant d'intégrer le monde professionnel. Ignorer de tels « détails » peut en effet avoir de graves conséquences.

## Une question de valeurs et de besoins

Le cocktail hyperlucidité-hypersensibilité qui façonne le surdoué en fait un individu aux convictions morales fortes. Il rêve de grandeur, veut en découdre, prendre les problèmes à bras-le-corps, construire, bâtir, même si un manque de diplôme le lui interdit (c'est d'ailleurs ce dernier point qui est la principale difficulté à surmonter pour les surdoués).

Le surdoué a beaucoup à offrir à son futur employeur, à commencer par une grande capacité d'engagement, au point que l'intérêt perçu d'un poste est plus important que le salaire qui lui est associé.

Le surdoué présente aussi des besoins et des goûts qui sont de véritables atouts pour l'entreprise :

– exigence de qualité ;
– désir d'apprendre ;
– goût du travail bien fait (appelé perfectionnisme par certains) ;
– goût du challenge, et même capacité à prendre des risques ;
– faible besoin de formalisme (la tâche prévaut sur le rôle) ;
– besoin d'autonomie (refus d'un contrôle tatillon) ;
– besoin de réactivité et de partage ;
– besoin de respect, de reconnaissance de l'engagement pris et du travail accompli ;
– besoin de se sentir reconnu dans son mode de fonctionnement singulier.

**《** J'oscille depuis longtemps entre le désir de ne pas être embêté, de me faire oublier dans un boulot anonyme et pépère, et celui de me déployer, d'exprimer les capacités qui sont les miennes. Lors d'un entretien, je suis toujours calme et posé et je fais, le plus souvent, bonne impression. Comme si, d'une certaine manière, tant que cela reste à l'état de potentialité, je peux considérer le poste avec suffisamment d'intérêt et de motivation. Et puis, quand cela se précise, je suis moins partant. J'anticipe déjà les ennuis, frustrations, limitations et autres difficultés à venir. **»**

Samir

L'expression des besoins est un point majeur du malentendu qui peut s'installer entre une entreprise et un surdoué. Quelle est l'entreprise qui n'annonce pas son exigence, son souhait de développement, sa quête des meilleurs collaborateurs, son désir de produire un travail de qualité ?

Sur le fond, on ne comprend donc pas ce qui peut conduire un surdoué à se sentir mal en entreprise. D'où vient le décalage ? Tout est question de positionnement du curseur : ce qui est un strict minimum pour le surdoué est suffisant pour celui qui ne l'est pas.

Le premier décalage porte sur le poste occupé – les contenus – que l'entreprise cadre par une fiche de poste avec des tâches et des responsabilités bien définies, dont le surdoué se lasse assez vite (plus vite que les autres), car il a un besoin de renouvellement rapide pour soutenir son intérêt. Une fois qu'il a fait le tour de son poste, il n'a qu'une envie : en repousser les limites. Or rares sont les entreprises et les échelons hiérarchiques qui s'accommodent de postes polymorphes ou qui acceptent une progression ne respectant pas le rythme décidé par l'entreprise.

La marge de manœuvre sera d'autant plus faible que le collaborateur surdoué se situe à la base de la pyramide hiérarchique où l'on demande une forte spécialisation. Si le collaborateur surdoué se situe au sommet où des caractéristiques plus généralistes et stratégiques de poste sont requises, il aura peut-être plus d'opportunités.

**«** Généralement, je gère le poste, puis je crée des outils à la portée de tout le monde ; je lance ensuite des plans et des initiatives qui aboutissent souvent. Au bout de 2 ans, je change de boulot parce que je suis crevé et que, de toute façon, la structure va mettre 1 ou 2 ans à faire rouler tout ça (ou va laisser tomber) : je n'ai aucune motivation à regarder la limace monter sur l'escabeau. **》**

Antoine

Une autre source de décalage concerne le « supplément d'âme ». Le travail du surdoué doit avoir du sens, servir à quelque chose, avoir peu ou prou un impact sur le reste de l'humanité ; ce qui n'est pas forcément le but de sa hiérarchie. Or la hiérarchie l'intéresse peu, car il en a une vision plus opérationnelle que fonctionnelle. Barrettes, galons, statut, chef de droit divin aux pleins pouvoirs, initié et au-dessus des lois, quelle utilité ? Recevoir des ordres d'un garde-chiourme, encore moins ! D'où sa difficulté à parfois composer avec son manager.

Objectivement, le surdoué rêve d'un manager dont la compétence fonde l'autorité (du style « premier de cordée ») :

- capable d'impulser une vision et de traiter son équipe sur un pied d'égalité ;
- courageux et osant dire « Je ne sais pas » ;
- attentif à créer un climat propice au déploiement des talents de son équipe (surdoués ou pas) et prêt à « instaurer une culture de la diversité et de la mixité », question qui intéresse 80 % des dirigeants en France[1] ;
- qui constitue un recours en permettant aux membres de son équipe d'effectuer leur mission, et qui est capable d'accepter les faiblesses pour aider à mieux les dépasser ;
- qui se comporte en véritable patron en sachant prévenir ou traiter avec franchise des relations interpersonnelles tendues ou toute situation de harcèlement, veiller au grain, valoriser et défendre son équipe ;
- et qui dispose de quelques qualités personnelles bien utiles, telles qu'une grande capacité de travail, une solide confiance en soi, une vraie curiosité et le sens de l'humour.

---

1. Étude Deloitte, 2014.

Le surdoué n'a donc aucune chance de bien fonctionner avec un supérieur hiérarchique:

- imbu de ses prérogatives et de son rang, qui refuse de discuter les orientations données et ne sait pas écouter les idées nouvelles;
- incompétent sur un sujet et cherchant à faire croire qu'il le maîtrise, mais dont les idées sont peu claires;
- indécis et incapable de fixer un cap;
- procédurier, tatillon, privilégiant la forme plutôt que le fond;
- manquant de courage.

**❮❮** Le meilleur manager que j'ai jamais eu n'a pas hésité à me dire: "Tu es tellement différente des profils classiques de marketeur et de mon profil (ingénieur, financier et politique) qu'il faut vraiment te laisser libre de tes actions pour que tu donnes le meilleur de toi-même et génères des choses totalement en rupture, même s'il y a un risque de prendre le mur!" Je n'ai jamais été aussi épanouie professionnellement que ces années où mon boss me faisait confiance. **❯❯**

Catherine

Tous les managers n'ont pas suffisamment confiance en eux pour accepter et apprécier cette vision du management, telle que la souhaiterait le surdoué (et telle qu'elle devrait sans doute être). Tous ne sont pas capables de faire confiance à leur équipe, de créer un climat propice au déploiement des talents des uns et des autres (surdoués ou pas, mais particulièrement les surdoués). Il y a là d'ailleurs un vrai enjeu qui dépasse les attentes du surdoué: selon une étude Deloitte, le leadership est devenu une priorité mondiale majeure. Le leader, plus agile que le manager à l'ancienne, doit savoir mobiliser son équipe et la galvaniser pour aborder de nouveaux défis en donnant le meilleur d'elle-même. Les résultats de cette étude sont édifiants: 86 % des répondants jugent le développement du leadership «urgent» ou «important», mais seuls 13 % se sentent prêts à relever ce défi.

Cette vision globale rejoint l'appréciation de Frans Corten sur les «canaris de la mine»: à plus ou moins long terme, ce qui est bon pour un surdoué le sera aussi pour les autres. En matière de management, le surdoué a juste le malheur d'être en avance sur son temps.

**«** J'ai vu ma mère faire 7 h 30-19 h toute sa vie, dans une boîte privée, avec des week-ends qui ne consistaient qu'à entretenir la maison: je me suis promis de ne jamais faire ça. Je ne voulais pas que mes enfants soient obligés d'aller en centre aéré tout le temps. J'ai donc opté pour l'enseignement. J'ai fait un choix de raison, par peur d'échouer. Résultat: je n'ai pas réussi mes études aussi bien que si j'avais fait le choix du cœur, pour lequel j'aurais pu donner le meilleur de mes possibilités. Je me sens aujourd'hui prisonnière de mon emploi. **»**

Agafia

Compétences, motivations…, avant même de chercher à entrer dans une définition de métier, quel type d'environnement professionnel permettra au surdoué de s'épanouir?

## Peu importe le métier pourvu qu'on ait l'environnement

Surdoué qui travaillez en entreprise, faites cet autodiagnostic:

- Vous pensez à plein de choses et, quand vous en parlez, vous avez le sentiment d'être un extraterrestre?
- Les gens étroits d'esprit et à la vue réduite vous irritent à un degré inimaginable? Peut-être vous contentez-vous de sourire au nom de l'intelligence émotionnelle?
- Vous vous mordez la langue en écoutant votre collègue vous exposer son raisonnement pas à pas comme si vous ne compreniez rien?
- Vous prenez sur vous pour rester calme et avoir l'air attentif pendant ces réunions inutiles qui traînent en longueur?
- Vous êtes en butte à la jalousie, l'envie, la colère, les rumeurs et autres mesquineries quotidiennes et, si vous n'étiez pas vous-même capable de répondre, vous vous demanderiez comment survivre dans un tel enfer?

Vous avez répondu « oui » à plusieurs reprises? Et si, par hasard, vous n'étiez pas à votre place dans votre entreprise actuelle?

Diplomates, banquiers, techniciens, gardiens de parking, commerciaux, livreurs, professeurs, réceptionnistes, infirmiers, ingénieurs, médecins, communicants, employés d'assurance, percepteurs, militaires (pilotes de chasse ou simples engagés), chargés de mission Pôle emploi, orthoptistes…, on trouve des surdoués dans tous les secteurs et tous les métiers. Qu'il s'agisse de ceux où la logique prévaut (comptabilité gestion, mathématiques, informatique), de ceux qui nécessitent un niveau certain d'intellect (experts, chercheurs), mais aussi de ceux où la créativité est essentielle (artisanat, art).

Et souvent, en toute logique au regard de leurs besoins et attentes, ils sont aussi travailleurs indépendants.

Tous ceux qui travaillent avec (ou sur) un surdoué s'accordent à reconnaître qu'il lui faut un environnement particulier qui :

- respecte son besoin d'autonomie ;
- se focalise sur le résultat, non sur le temps passé à son bureau ;
- satisfasse son besoin de complexité ;
- lui permette de faire du développement et d'être créatif ;
- ne lui impose pas de quotidien à gérer, ni d'affaires courantes à expédier ;
- est en accord avec ses valeurs, son éthique.

L'environnement idéal du surdoué est bien sûr celui où sa singularité ne dérange pas, où il est juste naturel et légitime qu'il ait « sa place » !

Une organisation flexible, orientée tâches et objectifs, est sans nul doute l'environnement le plus favorable à l'épanouissement du surdoué, en somme une organisation :

- avec peu d'échelons hiérarchiques (et un accès direct à la compréhension stratégique) ;
- où la modularité des espaces facilite le partage et la confrontation des idées (mais qui offre aussi au surdoué la possibilité de s'isoler pour recharger ses batteries) ;

- où il y a peu de procédures pour ne pas entraver sa créativité (parfaitement compatible avec un bon contrôle budgétaire au sein d'une équipe projet soudée) ;
- où son expertise et son engagement sont acceptés et reconnus, indépendamment de son âge, de son diplôme et de son ancienneté ;
- où l'apport d'idées nouvelles et l'obtention de résultats sont valorisés ;
- où la satisfaction client est au cœur des process ;
- où les managers veillent à ce que leurs collaborateurs puissent donner le meilleur d'eux-mêmes (ambiance, conditions de travail, outils, formation, développement personnel) ;
- où l'esprit d'entreprise est dédié à la coopération, non aux luttes de pouvoir internes.

*A contrario*, un surdoué a peu de chances de vivre bien dans un environnement où règne le conservatisme cognitif, autrement dit la résistance au changement (du style « On ne peut pas le faire, parce que ça ne s'est jamais fait » avec toutes ses déclinaisons).

Pour Frans Corten[1], l'environnement le plus toxique pour un surdoué est l'organisation au sein de laquelle l'importance du rôle l'emporte sur celle de la tâche, quand pouvoir et influence sont corrélés à la position hiérarchique. C'est le cas de toute organisation bureaucratique où le rôle du manager consiste à veiller à l'application des procédures. Dans l'atmosphère feutrée de certaines institutions, le formalisme préside à toute prise de décision. Le protocole pèse, la prise en compte de stratégies plus politiques qu'économiques et la lourdeur du circuit de l'information génèrent d'incroyables « pertes en ligne » en empêchant toute réactivité ou créativité. L'innovation (et son promoteur) y est simplement hors sujet.

Il est parfois possible pour un surdoué de survivre dans un tel environnement : positionné en conseil pour piloter des changements complexes (réorganisation, implantation d'un nouveau service) et passant d'un projet à un autre, il satisfait son goût du changement... Sinon, mieux vaut qu'il parte vers des horizons plus adaptés à ses besoins.

---

1. "Highly intelligent and gifted employees - key to innovation?", déjà cité.

## Des compétences bien particulières

Sans envisager un métier en particulier, voyons les compétences naturelles que développe un surdoué :

- Sa capacité à voir de façon globale lui permet de créer une vue d'ensemble du problème et d'en déterminer les points forts et les points faibles.

- Sa capacité à voir globalement est augmentée par sa capacité de projection, d'anticipation. Tel un joueur d'échec, il peut envisager les réactions en chaîne suscitées par une action. Cette capacité de vision globale et d'anticipation génère des intuitions fulgurantes, des idées neuves, des solutions alternatives sur tout et n'importe quand (c'est le point fort des chefs de projet).

- Son goût pour la complexité et sa créativité, associé à de multiples centres d'intérêt, facilite son adaptabilité à travailler en interstitiel ou en transversal, et à faire communiquer entre eux des univers professionnels qui, *a priori*, ne se parlent pas.

- Son sens de l'organisation, doublée d'une inclination naturelle pour le travail et d'une vraie puissance à l'abattre, lui permet de s'attaquer à des tâches complexes, en profondeur et en temps contraint (il ne faut pas forcément croire un surdoué qui s'alarme de ne pas pouvoir terminer à temps, c'est rarement le cas, son inquiétude exprime plutôt son souhait d'exigence).

La capacité stratégique du surdoué présente toutefois une faiblesse, qui peut être efficacement compensée par un bon accompagnement (un mentor) ou par l'expérience. Son haut degré de réflexion affaiblit parfois sa capacité à prendre des décisions face à une situation nouvelle, car choisir c'est courir le risque d'une erreur, option difficilement envisageable pour le perfectionniste qu'est le surdoué !

Le surdoué sera finalement à l'aise dans des métiers et concepts de stratégie, de développement, de recherche et d'innovation. Il sera également remarquable dans tous les domaines de facilitation.

Pas étonnant, vu leur difficulté à s'insérer dans certaines organisations trop bureaucratiques et les capacités qu'ils développent, de voir nombre de surdoués préférer se mettre à leur compte, en indépendant ou en créant leur entreprise : ils établissent ainsi leurs propres règles du jeu, construisent l'environnement qui leur convient et recrutent des personnes avec lesquelles ils se sentent bien.

## LA PERSONNALITÉ DU SURDOUÉ À LA LUEUR DES TESTS

*« Les raisonnables ont duré, les passionnés ont vécu. »*

Chamfort

Lors d'un recrutement, la seule lecture du CV et l'entretien en face-à-face peuvent ne pas être considérés comme suffisants pour s'assurer de l'adéquation du candidat au poste proposé. Ce dernier sera alors invité à passer un test de personnalité.

Certaines études se sont penchées sur la façon dont les surdoués répondent aux tests du MBTI et du Big Five : les conclusions qui s'en dégagent viennent formaliser, dans le domaine des interactions sociales, ce que les études neuroscientifiques et les observations psychologiques ont pu identifier.

Mais commençons par rappeler ce que sont ces tests avant de voir ce qu'ils disent des surdoués.

### Le MBTI, *Myers Briggs Type Indicator*

Les travaux du psychiatre suisse C. G. Jung, notamment celui sur les « Types psychologiques » paru en 1921, ont inspiré Isabel Briggs Myers et Katherine Cook Briggs qui ont créé le MBTI en 1962. Cet outil d'évaluation psychologique permet de déterminer le type psychologique d'un sujet avec un grand détail d'analyse.

Très schématiquement, le MBTI reprend **deux grandes attitudes** décrites par Jung :

- Soit l'énergie psychique d'un individu est orientée plutôt vers le monde extérieur, matériel : l'individu recharge son énergie en étant au contact des autres. L'individu est un **E** (= **Extraversion**).

- Soit son énergie psychique est plutôt tournée vers le monde de la pensée, son propre monde intérieur : il a alors besoin de moments de solitude pour se retrouver, réfléchir et laisser courir ses idées. L'individu est un **I** (= **Introversion**).

Les **I** préfèrent les activités solitaires (lecture, écriture) et les petits groupes d'amis aux grands rassemblements, qui sont par contre très appréciés par les **E**.

À ces deux attitudes, s'ajoutent **deux fonctions psychiques** (décrites elles aussi par Jung) – celle utilisée par l'individu pour recueillir l'information et celle qui lui permet de prendre une décision. Chacune de ces fonctions est dotée de deux polarités qui coexistent, mais à des degrés différents, dans le même individu, qui va intimement préférer recourir à l'une ou l'autre.

Voici les deux polarités à l'œuvre pour le **recueil de l'information** :

- Seuls comptent les faits et rien que les faits, la progression se fait étape après étape, les cinq sens sont mis à contribution. L'individu est **S** (= **Sensation**).

- L'information est perçue de façon globale, holistique et, grâce à un sixième sens, immédiatement interprétée pour faire émerger de nouvelles informations. L'individu est **N** (= **iNtuition**).

Les **S** aiment les listes, progressent pas à pas, éprouvent des difficultés à généraliser, quand les **N** s'ennuient très vite s'il n'y a ni surprise ni variété. Les **N** sont analytiques, imaginatifs, recourent à la spéculation intellectuelle, car ils perçoivent les abstractions et comprennent les théories ; les **N** sont également capables de faire des liens de façon globale, ce qui les rend plus créatifs. La différence entre les **N** et les **S**, c'est typiquement celle qui oppose Sherlock Holmes (**N**) à l'inspecteur Lestrade (**S**).

Voici maintenant les deux polarités à l'œuvre pour la **prise de décision** :

- La logique rationnelle et la cohérence de la situation prévalent sur les sentiments L'individu est **T** (= *Thinking*, **pensée**).

- Les gens et les circonstances particulières (attentes, impact sur le groupe) sont prépondérants. L'individu est **F** (= *Feeling*, **sentiment**). Les **F** sont si sensibles aux autres qu'ils font beaucoup de concessions pour plaire, ce qui les met souvent dans des situations difficiles. À l'opposé, les **T** apparaissent froids, distanciés, comme si les sentiments des autres comptaient peu pour eux.

Pour affiner la perception psychologique et définir un « style de vie », en fait assez corrélé avec la bipolarité Extraversion/Introversion, I. Myers et K. Briggs ont ajouté une 3ᵉ polarité (toujours fondée sur les observations de C. Jung) :

- L'individu a une approche organisée et plutôt planifiée de la vie. Il est **J** (= *Judging*, **jugement**).
- Il agit apparemment de façon moins organisée, son mode de vie est plus flexible, il est sensible aux options nouvelles qui peuvent se présenter. Il est **P** (= **Perception**).

Les **J** fonctionnent beaucoup sur le « Ce qui est fait n'est plus à faire », quand les **P** vivent plus en fonction des opportunités qui se présentent à eux.

À partir de ces 8 polarités, se dessinent 16 grands types de personnalités définis par un code de 4 lettres, qui correspondent à la préférence d'un individu pour chacune de ces alternatives (E/I, S/N, T/F, J/P).

Il est important de rappeler qu'aucune polarité n'est absolue – on n'est jamais complètement Introverti ou Extraverti par exemple, ou bien encore *Feeling* et pas du tout *Thinking* –, on a toujours une préférence pour un pôle plutôt que l'autre. Notons également que les personnalités ne varient pas, elles sont représentatives d'une personne tout au long de sa vie, sauf à travailler activement au remodelage de certaines préférences.

## Le Big 5

Le Big 5 a été mis empiriquement en évidence au fil de travaux remontant à la fin du XIXᵉ siècle. Également appelé OCEAN, NEO-PIR (et apparenté à d'autres tests comme 16PF, PAPI, SOSIE), il est fondé sur cinq grands traits de personnalité universels (identiques dans toutes les cultures) :

1. **Ouverture d'esprit** : curiosité intellectuelle, sensibilité esthétique et ouverture aux autres cultures.

2. **Consciencosité** : organisation, réflexion qui précède l'action, fiabilité, capacité à inhiber les comportements agressifs, sens de l'effort.

3. **Extraversion** : besoin d'être avec les autres.

4. **Amabilité** : facilité à vivre, amabilité, sociabilité, altruisme et coopération, désir d'éviter le conflit autant que faire se peut.

5. **Névrose** : degré de stabilité émotionnelle, en particulier de résistance à l'anxiété. Les plus instables sont impulsifs, impatients avec les autres, éprouvent facilement des émotions désagréables et ne supportent pas les situations ambiguës.

Même si la construction du Big Five est très différente de celle du MBTI, et mis à part que le MBTI ne s'intéresse pas à l'aspect névrose, les deux tests se complètent :

- La polarité Extraversion/Introversion du MBTI est corrélée avec la notion d'Extraversion du Big Five. Toutefois, quand pour ce dernier la sociabilité en reste aux notions d'assertivité, de vivacité et de bavardise, pour le MBTI la sociabilité signifie se recharger en énergie au contact du groupe.

- La polarité Jugement/Perception du MBTI est en corrélation avec la Consciencosité du Big Five.

- La polarité *Feeling/Thinking* du MBTI est en corrélation avec l'Amabilité du Big Five.

- La polarité Sensation/iNtuition du MBTI est en corrélation avec l'Ouverture d'esprit du Big Five.

## Le décalage du surdon à la lueur des tests

L'analyse des surdoués à la lueur des tests de personnalité donne des résultats cohérents avec ce que l'on connaît d'eux.

Ainsi, pour le Big 5, voici quelques caractéristiques remarquées chez les surdoués :

- L'ouverture à l'expérience signe des individus curieux et imaginatifs, mais également sensibles, attentifs aux émotions, tant aux leurs qu'à celles des autres. Elle est corrélée à l'intelligence (la capacité à discerner l'information pertinente, non à avoir des diplômes).

- Les surdoués sembleraient être moins doués pour l'Amabilité, peut-être parce qu'ils sont conscients de leurs capacités, conscients d'« avoir raison » dans leur originalité et volontairement compétiteurs ou, parfois, tout simplement parce qu'ils sont usés d'avoir à se battre pour leur intégrité contre un monde qui les ignore ou qui les agresse.

- Les filles surdouées sont plus aimables, mais aussi plus névrosées. J'y vois le poids des conventions sociales : poussées à la conformation, elles évitent de se faire remarquer à l'école, où les garçons, elles l'ont vite compris, ont une vision « utilitaire » d'elles. Les filles voient moins d'avantages à être surdouées, d'autant que leurs choix d'études et de vie montrent clairement qu'elles ont tendance à s'autolimiter. Cette autolimitation se constate bien sûr chez beaucoup de femmes, surdouées ou non, mais, à cause de leurs ressentis plus intenses, les conséquences de cette autolimitation sont particulièrement dévastatrices à terme chez les femmes surdouées.

Côté MBTI, les surdoués apparaissent plus introvertis (I = 49 %, contre 35 % de la population générale), largement plus intuitifs (N = 71 %, contre 32 %), un peu plus rationnels (T = 54 %, contre 48 %) et plus perceptifs (P = 60 %, contre 45 %).

Les chercheurs s'accordent sur le fait que la polarité S/N (Sensation/iNtuition) relèverait de l'inné plutôt que de l'acquis. Cette conclusion est à mettre en perspective avec les résultats des études de neurophysiologie qui montrent que le cerveau d'un surdoué capte, traite et stocke plus d'informations et plus vite que celui d'un non-surdoué ; il a aussi une capacité de rappel de mémoire plus grande en faisant travailler plus d'aires cérébrales, ce qui favorise sa créativité.

L'opposition iNtuition/Sensation du MBTI, dans laquelle les surdoués sont majoritairement N alors que les non-surdoués sont majoritairement S, résume parfaitement à mes yeux le sentiment de décalage exprimé par les surdoués qui ont l'impression d'être des extraterrestres et de parler une autre langue à des personnes ayant pourtant la même apparence qu'eux.

Le décalage entre non-surdoués et surdoués s'exprime au quotidien :

- Le non-surdoué analytique pragmatique et sensitif (S) saisit d'abord le premier plan, puis l'arrière-plan, pour pouvoir mettre les deux en perspective.

  Le surdoué intuitif (N), quant à lui, a un raisonnement intégratif qui lui permet de saisir simultanément premier et arrière-plan, et il trépigne d'impatience tant que le sensitif n'a pas abouti aux mêmes conclusions que lui. Il manque par contre d'une certaine organisation pas à pas et éprouve des difficultés à expliquer ses raisonnements fulgurants, au contraire de l'analytique pragmatique et sensitif.

- Un surdoué est plus sensible à la composante humaine, donc plus sentiment (F) que pensée (T), même si cette constatation doit être nuancée en fonction de l'âge des individus (qui s'endurcissent avec le temps ?), mais aussi de leur niveau hiérarchique : pour sauver tout un ensemble, il faut parfois sacrifier un élément de cet ensemble ; cela ne peut se faire que s'il y a, à un moment ou un autre, une prise de distance qui permet de prendre des décisions logiques et objectives, en oubliant ses propres ressentis.

  Cela dit, à y regarder plus en détail, la froideur qu'on reproche au surdoué n'est-elle pas plutôt une prise de distance, un moyen de protection contre des émotions débordantes et une émotivité envahissante dans laquelle il a peur de perdre sa raison ?

- Enfin, les chercheurs notent un lien fort entre jugement (J) et extraversion (E), tout comme entre perception (P) et introversion (I).

Avec une population surdouée qui, à 70 % au moins est N (intuition), c'est donc sans surprise que les chercheurs s'accordent sur le fait que les surdoués sont plus dans la perception (P) que dans le jugement (J), quand l'Atlas Myers-Briggs des tables de types[1] indique que la population en général (les non-surdoués) est surtout orientée jugement (J).

Le surdoué a un style de vie et de réflexion plus flexible et plus adaptable (donc moins rigide, moins structuré) que la moyenne, ce qui lui permet de garder toutes les options possibles ouvertes, aussi longtemps qu'il en a besoin, pour prendre sa décision le plus tard possible. Un comportement que les J, excédés, interprètent comme de la procrastination !

Si être flexible et adaptable permet au surdoué de trouver facilement des solutions face à une grosse difficulté imprévue, cela ne l'empêche nullement d'être ponctuel, méthodique et responsable.

Le tableau qui suit, construit d'après les travaux d'Ugur Sak – Université d'Arizona[2] – sur les profils MBTI, montre assez bien en termes statistiques le fossé qui existe entre les populations surdouée et non surdouée.

Rappelons au préalable la signification des lettres correspondant aux attitudes et polarités du MBTI :

E (= Extraversion)/I (= Introversion)

S (= Sensation)/N (= iNtuition)

T (= *Thinking*, pensée)/F (= *Feeling*, sentiment)

J (= *Judging*, jugement)/P (= Perception)

---

1. Les tables Myers Briggs sont focalisées sur la seule population américaine. Une école anglaise (Ashridge), spécialiste de la formation pour les managers, a fait, depuis le début des années 2000, passer le MBTI à plus de 20 000 managers de tous niveaux et de près de 100 nationalités. Les résultats d'Ashridge rapprochés de ceux des tables Myers Briggs permettent d'établir que la nationalité importe finalement assez peu dans la répartition statistique des différents types.

2. *"A Synthesis of Research on Psychological Types of Gifted Adolescents"*, U. Sak, Citation From the *Journal of Secondary Gifted Education*. 2004 15(2) 70-79 - Prufrock Press.

| | Type | Surdoués en % | Population générale en % |
|---|---|---|---|
| 1 | ENFP | 15,45 | 7,6 |
| 2 | INTP | 12,05 | 3,54 |
| 3 | ENTP | 11,35 | 4,89 |
| 4 | INFP | 10,41 | 3,89 |
| 5 | INTJ | 7,53 | 2,62 |
| 6 | ISTJ | 6,83 | 6,92 |
| 7 | ENTJ | 5,84 | 3,93 |
| 8 | INFJ | 4,78 | 1,79 |
| 9 | ENFJ | 4,55 | 3,61 |
| 10 | ESTJ | 3,89 | 14,97 |
| 11 | ESFJ | 3,31 | 13,97 |
| 12 | ISTP | 3,23 | 4,16 |
| 13 | ESTP | 3,21 | 6,52 |
| 14 | ISFJ | 2,73 | 6,82 |
| 15 | ESFP | 2,63 | 9,37 |
| 16 | ISFP | 2,15 | 5,4 |

Au final, de façon cohérente entre les deux approches, Big 5 et MBTI :

- Selon le Big Five, les types de personnalité les plus représentés en entreprise sont Extravertis, Consciencieux et Agréables (dit autrement : l'Ouverture d'esprit n'est pas une caractéristique première des personnalités rencontrées – ni même recherchées – en entreprise[1]).

Selon le MBTI, les types de personnalité les plus représentés en entreprise sont les I/E, S, F/T (tendance F plus marquée pour les

---

1. "Which Personality Attributes Are Most Important in the Workplace?", P. R. Sackett, P. T. Walmsley, 2014, *Perspectives on Psychological Science*, 9(5), 538-551. DOI: 10.1177/1745691614543972.

femmes) et J, l'axe S/J signant des personnes attentives à respecter l'ordre établi, qui fonctionnent de manière analytique.

Selon U. Sak (lignes 10 et 11 du tableau de la page précédente), les ESTJ et les ESFJ représentent ainsi près de 30 % de la population générale, quand ces mêmes types ne s'appliquent qu'à 7 % des surdoués.

• Alors que le trait le plus représenté chez les surdoués est l'Ouverture d'esprit pour le Big Five, le MBTI indique deux types de personnalité principaux : I/E-N (iNtuitif introverti ou extraverti) et F/T-P (Perceptif Sentiment (F) ou Pensée (T), avec une tendance F plus marquée pour les femmes). L'axe N/P signe des individus intuitifs et créatifs, très flexibles dans leur approche des choses et de la vie.

Les seuls types NP (iNtuition/Perception) se retrouvent en grande majorité – autour de 50 % – dans la population surdouée contre 20 % dans la population en général (lignes 1 à 4 du tableau de la page précédente).

Ainsi les ENFP et INTP représentent à eux seuls 27 % de la population des surdoués quand ces deux types se retrouvent seulement dans à peine 11 % de la population en général (lignes 1 et 2 du tableau de la page précédente).

## Qu'impliquent ces différents types dans l'entreprise ?

### Quels profils de collaborateurs recherche l'entreprise ?

Parce que les entreprises ont besoin de cohésion dans leurs équipes et que celle-ci passe par la sociabilité, lors de recrutements externes, à compétences égales, les recruteurs auront tendance à privilégier les candidats à la personnalité extravertie.

Quant aux promotions internes, si elles sont liées aux compétences techniques (pour la maîtrise ou le middle management) et au sens politique (pour les cadres supérieurs), elles privilégieront, là aussi, l'extraversion : on remarque les extravertis parce qu'ils savent se mettre en avant, au contraire des introvertis qui détestent cela.

Les individus extravertis sont perçus comme plus efficaces, stables émotionnellement, ouverts à l'expérience, aimables, consciencieux. Capables de mieux gérer et motiver leurs équipes, ils témoignent également d'une forte capacité à interagir avec l'extérieur, en particulier *via* un bon réseau social.

Les individus introvertis sont, eux, perçus comme s'engageant moins dans leurs relations et leur environnement. Leur introversion est un véritable frein pour faire carrière dans l'entreprise, car ils sont vus comme des solitaires, confinés dans leur bureau ou leurs pensées et favorisant peu les relations avec les autres. Or, dans toute entreprise, rester isolé revient à se placer en position de faiblesse.

70 % de la population étant **S** (Sensation), c'est-à-dire pragmatique, analytique et séquentielle, il est logique de retrouver une grande majorité de **S** en entreprise. À ce **S** du MBTI, est associée la Conscienciosité du Big 5. Faire des efforts et être consciencieux sont des capacités que recherche l'entreprise. En outre – nous l'avons déjà dit – les individus consciencieux sont jugés fiables. Donc l'entreprise, soucieuse de la cohésion de ses équipes et de sa rentabilité, va naturellement privilégier les **S** fiables puisque consciencieux.

Quand la compétition est féroce, l'entreprise va rechercher des individus capables de faire abstraction de leurs sentiments : le **T** (penseur rationnel) sera idéal, s'il est utilement épaulé par le **F** (ouvert aux sentiments des autres) dans certaines fonctions nécessitant de faire du lien (surtout quand le changement s'impose aux équipes).

Même si elle est agile et s'adapte facilement aux changements, l'entreprise doit rester structurée et organisée pour survivre et se développer : elle choisira alors des collaborateurs motivés et organisés, comme les **J**.

Au crible des profils types du MBTI, l'entreprise va donc plutôt privilégier les ESTJ, car ils sont analytiques, orientés objectifs, assertifs, organisés, consciencieux et plutôt conservateurs (ils reproduisent des solutions puisées dans leur environnement et leur expérience, et évitent de tirer des plans sur la comète). La mixité croissante voit aussi les ESFJ prendre de l'importance dans l'entreprise – les femmes sont traditionnellement plus sensibles à l'autre que ne sont les hommes. ESTJ et ESFJ représentent ainsi en moyenne 30 % des effectifs d'une entreprise.

Côté managers, selon l'étude Ashridge déjà citée, les données sont en cohérence avec ce que les entreprises attendent de leurs collaborateurs, c'est-à-dire la sociabilité, la rationalité et la fiabilité, soit de préférence des profils **ESTJ** :

- Près de deux tiers des managers étudiés sont **Extravertis**.
- Plus de la moitié des managers sont **S** : ils sont attachés aux faits et pragmatiques (« Demain est un autre jour »).
- 85 % des managers sont **T** : ils font passer le rationnel avant l'humain.
- Deux tiers des managers sont **J** : ils sont attentifs à l'organisation et à la planification.

Au final, les managers **STJ** sont deux fois plus nombreux que les managers **NTJ**, ces derniers étant des visionnaires capables de stimuler leurs équipes pour qu'elles atteignent leurs objectifs.

## Quelle cohabitation entre surdoués et non-surdoués en entreprise ?

L'analyse de la polarité N/S (iNtuition/Sensation) montre, de façon générale, qu'un surdoué N pose problème à un manager S, qui le trouve ingérable : il est souvent accusé de ne pas avoir de méthode, d'être bordélique, une tête de mule ou un trublion. Son bureau est un territoire dans lequel lui seul semble pouvoir s'aventurer (étagères débordantes, piles de papiers sur le bureau, objets divers et variés, post-it dans tous les coins, tableau jamais effacé…). Enfin, il ne respecte pas assez les règles de l'entreprise, donc l'entreprise elle-même (selon l'avis des S).

Sa façon d'aborder les problématiques en véritable créatif (rupture dans la façon de penser) diffère radicalement de celle du manager S, non-surdoué. Ce dernier est plutôt un « adaptateur », qui sait impulser le changement dans les limites du compréhensible, mais aussi dans le respect des normes.

Quand le surdoué N se retrouve en position de manager, il pose aussi problème. Son impatience à vouloir avancer à tout prix peut l'incliner à harceler son équipe, surtout quand celle-ci se compose de collaborateurs S, plutôt conformistes et terre à terre, qui ont du mal à le comprendre.

Voulant aller trop rapidement, il lui arrive de commettre des erreurs, qu'on ne manquera pas de lui reprocher pour l'engager à rentrer dans le rang, et ce, même si l'avenir est susceptible de lui donner raison quant à sa stratégie.

En fait, les surdoués peuvent ressembler à des chevaux fous : leur intelligence les conduit à s'ennuyer très vite au point de se faire volontiers provocants. On leur diagnostique souvent, et à tort, un trouble de déficit d'attention (TDA), alors qu'en réalité ils s'ennuient seulement à devoir se freiner en permanence pour rester à la vitesse de leur environnement.

Le surdoué INTP présente un profil un peu différent : c'est un penseur. Sa capacité à voir loin et de très haut lui confère, parfois, un petit côté « je sais tout » ou « Cassandre ». Il est bien meilleur pour anticiper que pour s'attacher aux détails de l'instant présent. Son esprit bouillonne sans discontinuer d'idées nouvelles, mais, pour arriver à se focaliser sur ses idées et les analyser, en bon introverti, il se protège de son environnement en mettant de la distance entre lui et les autres.

Aux plus hauts niveaux de l'entreprise on trouvera des managers surdoués, iNtuitifs et Extravertis. Le surdoué ENTJ, par exemple, est un stratège : il aide l'organisation à anticiper et sait souder ses troupes autour d'une vision, mais aussi à surmonter la tempête. C'est généralement une personnalité équilibrée[1], car, pour évoluer à une telle altitude hiérarchique, il faut des nerfs solides et être capable de se préserver. Des S du middle management et du management de base les relaieront pour la mise en application, parfois difficile, des consignes. Ils ne sont pas en capacité de voir aussi loin et surtout de façon aussi fluide, car leur conservatisme cognitif les rend moins intellectuellement flexibles.

Les S sont donc ceux des collaborateurs qui résistent le plus au changement, quand les études montrent que les N sont ceux qui, par leur mode de fonctionnement intellectuel, s'adaptent le mieux aux changements. Au final, qu'il soit collaborateur ou manager, le surdoué N se révèle toujours pénible pour les S, et réciproquement.

---

1. *Cf.* les trois profils surdoués décrits par M. E. Jacobsen : « équilibré », « effondré » ou « exagéré ».

En ce qui concerne la polarité J/P (Jugement/Perception), face à un J qui présente un profil de premier de la classe (c'est un consciencieux), le surdoué P est «trop» flexible et «pas assez» structuré, qui se disperse en commençant beaucoup de choses sans forcément les finir. Ces comportements inquiètent le J qui, organisé et rationnel est habitué à travailler avec application. Le J sera complètement déstabilisé si le surdoué P lui semble en plus procrastinateur (alors que produire au dernier moment ne signifie pas pour un surdoué réfléchir au dernier moment).

Le J consciencieux, donc forcément fiable, aura ainsi plus facilement l'opportunité d'intégrer un programme pour «haut potentiel» destiné à former la relève des cadres dirigeants. Le surdoué P en concevra quelque amertume. Si ses résultats plaident pourtant pour lui, son organisation qui apparaît déstructurée aux yeux d'un non-surdoué (et tout particulièrement d'un J), inquiète.

On peut imaginer le fossé entre un manager organisateur, appliqué à respecter les procédures et les cadres, et un collaborateur visionnaire galopant. Les personnalités NP sont ainsi totalement inconcevables pour des SJ conservateurs, attentifs à faire respecter leur rang hiérarchique. Les NP ne rassurent pas, car perçus comme trop peu fiables pour l'entreprise qui a besoin d'assurer sa pérennité.

Le surdoué NFP (intuitif, orienté vers les autres, flexible) est peut-être celui qui souffre le plus en entreprise : identifié comme un «idéaliste», il aspire à un monde meilleur, fondé sur la coopération et l'harmonie entre les individus, tout le contraire en somme de ce que privilégie l'entreprise, c'est-à-dire le contrôle et la compétition froide. Son envie de faire plaisir à tout le monde, ses rêves humanistes, sa recherche de sens sont incompris : s'il est extraverti, il est pris à partie, introverti, il est exploité.

Par l'apprentissage cependant, le surdoué peut partiellement faire évoluer ses préférences, donc son profil, pour donner à voir aux autres ce qu'ils ont envie de voir et ainsi faciliter la communication.

**«** Le J a été une évolution professionnelle, je me suis aperçu qu'il était bien plus efficace de l'être pour les emplois que j'occupe (de façon générale d'ailleurs, j'imagine que, dans 90 % des cas, il vaut mieux être J).

Pour le N, là aussi je m'aperçois que je me donne plus de points en S que je ne l'aurais fait il y a quelques années, même si, fondamentalement, j'ai bien plus de points en N quoiqu'il arrive. L'I/E est de loin le plus ambivalent, et pour plusieurs raisons, je n'avais clairement pas envie de prendre position. Typiquement, je fais beaucoup plus attention et j'ai bien plus confiance dans le travail de ceux qui ont de l'expérience que je ne le faisais il y a quelques années (S/N dans le MBTI). Je m'efforce aussi d'être beaucoup plus méthodique que je ne le suis naturellement parce que, même si mon intuition est très souvent juste, cela m'évite des erreurs et me permet d'être bien plus convaincant (à raison) lorsque je dois expliquer un choix à un tiers. **》**

Papy

## Quels profils d'entreprise recherche le surdoué?

On l'a déjà dit, ce n'est pas tant le métier que l'environnement qui va être important pour permettre à un surdoué de s'épanouir en entreprise, mais quel type d'entreprise pourrait convenir à un surdoué plutôt NP (intuitif, perceptif), créatif et flexible?

De façon générale, un surdoué NP a de meilleures chances de s'épanouir dans les petites structures souples, plutôt que dans les grandes structures très hiérarchisées et cloisonnées.

Créer son activité (artisan, commerçant, entreprise ou profession indépendante) est également une option qui lui convient bien.

Le surdoué chef d'entreprise est d'ailleurs plutôt ENTP: fonceur, parfois un peu écrasant pour ses interlocuteurs, c'est un développeur de stratégies nouvelles, à l'affût de toutes les opportunités, qui sait déployer une énergie peu commune quand il s'agit de faire décoller un projet. Les études montrent cependant que, pour développer l'entreprise au-delà d'un certain seuil, cet ENTP devra modifier un peu son mode de fonctionnement et se transformer à un moment ou un autre en gestionnaire, soit en passant de P (Perception) à J (Jugement), soit en se faisant aider. Le test du NEO-PIR dit la même chose en évoquant que ces entrepreneurs, dont l'ouverture à l'expérience est la plus forte, doivent renforcer leur consciencieusité. C'est ce qui explique que certaines start-up se développent mieux que d'autres.

Le surdoué NP peut aussi se tourner vers une carrière de créatif. Les préférences NP (iNtuitif, Perceptif) sont une constante chez tous les artistes visuels, les écrivains, les scientifiques, les mathématiciens, les inventeurs, les entrepreneurs, les acteurs, les danseurs et les compositeurs de musique.

Concluons cette partie par un truisme : l'adulte surdoué qui n'a jamais réussi à s'insérer dans une logique de diplômes a de fortes chances de se retrouver face à une impasse professionnelle, dans des métiers ou fonctions dont le niveau, trop faible, ne lui permettra pas d'utiliser ses compétences réelles.

Les statistiques indiquent qu'un tiers des enfants surdoués sont en grave échec scolaire. Ce sont les mêmes, en majorité, qui n'obtiendront pas de diplôme et entreront donc sur le marché du travail à des postes d'exécutant (puisque le diplôme est en France un gage de valeur). Et pour les autres, même avec un diplôme, une mauvaise orientation et un faible soutien les enverront vers des postes qui ne sont pas du tout à la hauteur de leur potentiel réel.

Si ces mêmes surdoués n'ont pas la chance de créer leur entreprise ou de travailler à leur compte, il y a fort à parier que la vie en entreprise se révélera vite une lourde charge, à l'image de ce qu'ils ont déjà vécu plus jeunes en tant que laissés-pour-compte du système scolaire. S'ensuivront de possibles dommages collatéraux – addictions, inhibition et dépression –, qui auront un impact catastrophique à long terme sur leur confiance en eux.

Travailler à la hauteur de leur véritable intelligence sera-t-il jamais possible pour ces surdoués, qui souvent ignorent l'être ? En admettant qu'ils le découvrent un jour, il leur faudra un énorme travail pour retrouver l'énergie qui leur permettra de se remettre en route.

## Des tests trop normalisants ?

Gaud Leroux, conseillère à l'emploi dans le service public, et Catherine Besnard Péron, thérapeute certifiée MBTI, m'ont toutes deux signalé combien il fallait être vigilant lors de la passation des tests de personnalité.

D'abord, ces tests privilégient le conformisme : leur rédaction est normalisante, donc jugeante. Pour le MBTI par exemple, le mot « préférence » se réfère, non à ce que la société attend de la personne testée, mais bien à son inclination profonde. Mais comment traduire son ressenti profond quand on est dans un contexte d'évaluation ? Le risque est que la personne testée adapte son comportement pour se conformer à ce qu'elle pense qu'on attend d'elle. Au final, si la description du type qui la catégorise ne lui convient pas, il y a fort à parier qu'elle a répondu par conformisme et non en donnant ses véritables préférences. On peut d'ailleurs assez raisonnablement penser que 100 % des surdoués sont iNtuitifs, mais que 30 % d'entre eux cèdent au poids de la conformité et évitent de laisser parler leur intuition.

Difficile donc de mesurer les comportements adaptatifs de celui qui passe ces tests, surdoué ou non-surdoué, ce qui sous-entend qu'il faut ensuite apporter une attention particulière aux préconisations d'orientation professionnelle associées aux résultats des tests, pour éviter qu'elles ne soient fondées sur des critères erronés.

Ensuite, un autre problème est susceptible de se présenter pour le surdoué qui passe ces tests : certains mots, certaines questions lui semblent imprécis ou ambigus. Il vaut donc mieux qu'il ne passe pas le test seul et qu'un accompagnant l'assiste pour lui fournir les « explications de texte » nécessaires. Mais attention alors à l'intrusion psychique de l'accompagnant qui, malgré sa bonne volonté, risque d'employer un vocabulaire qui juge et normalise, et qui peut orienter le surdoué à produire une réponse erronée. Or l'objectif de ces tests est bien de permettre au surdoué de trouver une orientation professionnelle qui lui convient.

## SURDOUÉS EN ENTREPRISE : (UN)WANTED ?

Roland Persson note que l'histoire fourmille d'exemples de surdoués non reconnus de leur temps, en particulier des artistes. Plus ils étaient en rupture avec les conventions de leur époque, plus il aura fallu de temps pour que leur talent et les avancées qu'ils ont impulsées soient reconnus.

Persson note aussi, comme Frans Corten, le nombre grandissant de forts potentiels intellectuels qui ne travaillent pas au mieux de leurs capacités :

l'entreprise ne retient généralement pas leurs atouts, mais ce que leur fonctionnement différent va générer comme difficultés (jusqu'au harcèlement et à la persécution). Il s'est donc attaché à montrer, en classant les individus en trois groupes, comment la reconnaissance de l'utilité sociale conduit certains à être tolérés et d'autres à être carrément rejetés :

- **Le nerd** – C'est celui qui, en innovant et en inventant, contribue à « la maintenance du monde », lui permet de se développer et de s'enrichir, tout en préservant les hiérarchies sociales, tels Steve Jobs, Richard Branson ou encore Xavier Niel. **Le nerd est accepté.**

- **Le héros** – C'est celui qui sauve le monde en temps de crise (Churchill, de Gaulle) ou celui qui fait rêver (champion sportif, artiste…). À l'exemple d'Angelina Jolie ou Zinédine Zidane, ses exploits (et ses petites misères) passionnent et permettent de s'évader de la médiocrité du quotidien. **Le héros est accepté.**

- **Le réformateur** – À l'instar de Jésus, Gandhi, Giordano Bruno, Danton, ou encore Lénine, c'est celui qui prône le changement, le « coup d'état permanent », la « révolution », « un monde meilleur ». Dangereux, car charismatique, il remet en cause l'ordre établi et menace les intérêts en place. **Le réformateur est rejeté.** Toutefois, si on lui applique plus tard l'étiquette de martyr, c'est que l'avenir lui aura finalement donné raison.

Le contexte professionnel repose sur les mêmes concepts. Tous ceux qui ressemblent à des réformateurs – qui proposent de nouvelles normes, une manière différente de faire ou d'aborder une problématique, un nouveau système économique ou de gestion des rapports de force en entreprise – sont perçus comme dangereux par ceux dont les intérêts sont menacés. L'entreprise n'étant pas un système totalitaire, elle ne les tue pas directement, mais les met à l'écart, les discrédite, les stigmatise, les marginalise.

Ce qui est terrible, c'est que beaucoup ne comprennent pas les raisons de ce qui leur arrive. Ce sont des surdoués qui s'ignorent, qui ne comprennent pas en quoi ils diffèrent « à ce point » des autres, et combien ils peuvent les menacer.

« *Les problèmes ne peuvent être résolus par ceux qui les ont créés* », aurait dit Einstein. Ces apporteurs de solutions sont les moins suivis et reconnus. Ils auront pourtant préparé le terrain pour « plus tard ».

# Chapitre 5

# POUR LA ROUTE...

Il serait bien sûr réducteur de conclure, après la lecture des chapitres précédents, que ne pas être « trop » surdoué et avoir suivi des études poussées augmentent les chances de s'en sortir professionnellement. Mieux vaut plutôt savoir où on en est vraiment et ce que l'on veut pour mieux s'épanouir au travail : valeurs, besoins, type d'environnement.

Mais que faire quand on est « très » surdoué et que l'on souffre, quand son parcours professionnel est déjà bien engagé ou presque terminé avec l'impression de l'avoir raté ? Changer d'emploi ? Facile à dire quand on sait que certains environnements sont définitivement toxiques pour les surdoués et que changer d'emploi ne se fait pas sur un claquement de doigt.

Les pistes que je présente ici ne sont pas forcément adaptées à votre situation professionnelle et/ou personnelle. Il est en effet des traumatismes d'enfance qui faussent durablement la vision que l'on peut avoir de soi et des autres et qui ont un impact sur la vie professionnelle. Certes, le temps passé n'est plus rattrapable. Mais il n'est jamais trop tard pour vous réorienter et apprécier de vivre mieux.

Si vous n'êtes pas à l'aise avec l'idée que vous pourriez être surdoué, rappelez-vous que ce n'est pas une tare, juste un mode de fonctionnement qui consiste à vivre de façon plus intense : accepter d'être surdoué change vraiment la vie, car celle-ci s'appuie enfin sur des bases assainies.

Ce changement ne se fera pas en un claquement de doigts, mais sur la durée. En fin de compte, être surdoué, c'est avant tout travailler sur des questions de forme : respecter certaines formes pour mieux préserver le fond (ses valeurs, ses besoins). Certes, cela vous demandera un peu d'efforts, mais c'est parfaitement jouable et pourrait même vous paraître plus intéressant que bien des jeux de stratégie !

Commencez d'abord par apprendre, comprendre et intégrer l'importance de vous savoir surdoué : tout remettre en perspective fait changer de point de vue et gagner en sérénité. Ensuite, travaillez sur vos relations interpersonnelles : apprenez tout particulièrement à utiliser le marketing personnel pour mieux vous faire comprendre des autres, mais aussi à veiller sur votre santé.

## ACCEPTER LE SURDON

Quand la détection du surdon n'a pas été établie dans l'enfance, c'est en général par accident qu'on le découvre à l'âge adulte. C'est ce qui s'est passé pour moi en 2002.

Passer un test de QI est une épreuve à laquelle un surdoué se soumet la peur au ventre, souvent au plus fort d'une crise d'identité qui s'accompagne d'effets collatéraux, dont parfois une dépression. Le danger est là : dépression et médicaments ralentissent l'esprit, la très faible estime de soi augmente l'anxiété, laquelle, associée à la fatigue, exacerbe la sensibilité et la vigilance. Ces éléments se combinent pour fausser les résultats, au risque de faire passer sous le radar de l'identification du surdon : deux témoins participant à ce livre ont ainsi obtenu des résultats de test de QI qui n'étaient pas probants. L'un en a vu sa dépression aggravée et ressenti avec plus d'acuité encore le questionnement « Où est ma place ? ».

En fait, ce n'est pas tant l'estampille officielle qui importe que l'acceptation de votre mode de fonctionnement singulier. Ce dernier est juste hors norme – une simple différence à prendre en compte – et pas du tout anormal, rien de pathologique. Vous n'avez pas à culpabiliser, vous êtes juste « dessiné comme ça ».

**«** Le jour où ma psy m'a rendu le résultat de ma passation de test, j'ai pleuré de désespoir le soir chez moi, prenant conscience du fait que ce serait comme ça toute ma vie : je ne serai jamais comme les autres. **»**

Solange

**«** Un jour, il faut accepter le fait qu'on est mieux armé que les autres et que c'est normal qu'ils ne voient pas autant de choses que nous. On ne se demande pas pourquoi une personne de petite taille ne voit pas la boîte sur l'étagère tout en haut... Si ? **»**

Armelle

**«** Finalement, je ne suis pas sociopathe, je serais plutôt bêtement surdoué. **»**

Myl

Avez-vous noté combien, dans la plupart des histoires, les superhéros sont gentils et passent pourtant plus de temps à cacher leur identité qu'à être eux-mêmes ? C'est vrai que c'est un peu ainsi qu'il faut envisager de vivre quand on se sait surdoué : en restant vigilant.

Pourtant, il n'y a aucun avantage à refuser de considérer qu'on est surdoué, aucun bénéfice à le nier, au contraire :

* Même si le surdon semble effrayant, non seulement parce qu'on garde en tête tous les discours disqualifiants à l'égard des surdoués, mais parce qu'on se met également aussitôt la pression en se disant que, si on l'est vraiment, alors il va falloir en faire la preuve.

* Même s'il semble stupide de devoir l'envisager parce qu'« on n'est vraiment pas un génie » et/ou qu'« on n'est pas bon en maths » – on a souvent tendance à confondre réussite académique et sociale avec intelligence.

- Parce qu'il est important d'explorer cette piste quand on ressent depuis si longtemps ce sentiment de décalage, ou cette solitude intense qui parfois vous étouffe.

**Être surdoué, ce n'est pas une question de production mais une question de ressentis. Le véritable enjeu est de se sentir mieux.**

Être convaincu que l'on n'est pas surdoué (ou le nier) quand on l'est vraiment, cela revient à affronter une longue errance et une grande fatigue :

- On s'expose à se faire accompagner par des thérapeutes qui, connaissant très mal le surdon, vont identifier des pathologies là où il n'y en a pas : trop nombreux sont les surdoués qui ont fait l'expérience, à tort, de la médicamentation pour bipolarité ou encore schizophrénie, et même de l'enfermement psychiatrique. Le grand classique, c'est de diagnostiquer un surdoué comme dépressif, de lui prescrire des antidépresseurs dont ensuite personne ne comprend l'inefficacité.

- On s'expose à ressentir en permanence que « quelque chose » manque quand on cherche à comprendre sa vie. On est en permanence rongé de l'intérieur par une force que l'on n'arrive pas à identifier.

- On s'expose à être miné par la solitude et, plus encore, par des questions existentielles sur qui l'on est, si l'on a sa place quelque part, etc.

- On s'expose à vivre en sous-régime en permanence et à ne jamais faire les « bonnes » rencontres, puisqu'on ne sait pas qui on est vraiment.

- On s'expose à reproduire sans cesse les mêmes erreurs de comportement parce qu'on n'en connaît pas la cause ; on s'épuise à s'adapter et on se perçoit socialement inadapté.

- On s'expose à vivre en permanence insatisfait (de tout, de soi, de sa vie…).

- On s'expose à des problèmes de santé mentale.

Se découvrir surdoué, c'est comme trouver la pièce manquante d'un puzzle :

- On sait que la solitude, même si elle récurrente, est aussi réparatrice, et surtout, qu'il existe d'autres «soi» avec lesquels penser et s'exprimer sans frein. Alors on se met activement à les chercher. Cela rend plus facile les moments où l'on sera isolé. Le sentiment d'appartenance est important : il permet de se sentir mieux.

**«** Avoir retrouvé ma manière de fonctionner chez d'autres personnes a été un soulagement ; entrevoir la possibilité d'intégrer un groupe de semblables est une joie pour moi qui ne suis jamais arrivée à m'intégrer à aucun groupe. Cela me permet également de déculpabiliser lorsque je passe mon temps à assouvir ma curiosité, de valoriser mon travail créatif envers et contre tout (et tous !), d'arrêter de me dire que je devrais faire des efforts pour devenir ce que les autres voudraient que je devienne, de me concéder le droit d'être différente, voire d'en être fière, de retrouver un semblant d'estime de soi dont je manquais cruellement. Autrement dit, d'accorder enfin à mes chemins singuliers le droit et le devoir de devenir ma voie... en toute sérénité. **»**

Elena

- Bien sûr, on n'est jamais sûr de faire les «bonnes» rencontres quand on se sait surdoué, mais on apprend en tout cas à éviter les rencontres toxiques et, surtout, à être plus ouvert lors des «bonnes» rencontres. On apprend également à faire de meilleurs choix en connaissance de cause, on perd moins de temps, d'énergie, de forces et d'espoir.

**«** Cela m'a apaisé et m'a ouvert tout un champ de possibles pour l'équilibre et l'harmonie. Une sorte de carte du territoire, avec plusieurs chemins tortueux. C'est bête, mais je m'échinais depuis des années à tracer des chemins de fonctionnement émotionnel, logique, etc., tout droit. Et je me perdais sans cesse. Il me reste à comprendre la totalité de ma carte, mais ça avance bien, et c'est un vrai plaisir vu les difficultés et le surplace des années précédentes. **»**

Antoine

- Quand on accepte le surdon, on en comprend la teneur et on apprend les stratégies qui permettent de vivre « avec » les autres et non « malgré eux ». On se reconnecte à soi et on réapprend l'importance d'être loyal envers soi-même (à respecter son écologie personnelle pour employer une expression consacrée) ; cela redonne des forces.

**«** Ado, je vivais avec un sentiment permanent d'étrangeté (comme un étranger, extérieur au monde, aux choses et aux gens), donc seul (d'où mes interrogations sur l'autisme : je conserve encore aujourd'hui ce sentiment de solitude, compensé en partie par la foi). Jeune adulte, j'ai passé ma thèse en me demandant sérieusement si je n'étais pas "fou" (sans savoir quel type de folie), mais en tout cas en voyant que quelque chose clochait en moi. Et puis, il y a eu les tests de 2003. Les résultats m'ont beaucoup apaisé intérieurement et j'accepte maintenant mieux la différence. Enfin, je suis davantage ouvert aux autres que je ne l'étais avant les tests, plus à l'aise (quand on sait mieux qui on est et qu'on l'assume, il est plus facile de se frotter à la différence des autres…). J'accepte la différence et ne cherche donc plus à plaire pour être accepté des autres. **»**

Jean-Marie

**«** Je ne culpabilise plus lors de mes phases de procrastination au bureau. Produire plus m'apporterait plus d'ennuis qu'autre chose. Libéré de cette culpabilité, je peux mettre ce temps à profit pour lire des articles sur Internet, prendre de longues pauses café, discuter avec des collègues… **»**

Alex

**«** Apprendre que j'étais surdoué a apporté beaucoup de réponses à un questionnement existentiel déjà ancien, un certain apaisement, une sérénité aussi. Puis on passe à autre chose : il faut avancer avec ou sans, de toute façon. **»**

Dan

- Se savoir surdoué ne change rien à la façon dont les autres vous regardent, mais l'on peut désormais mieux interagir avec eux. Et surtout, on sait que l'on n'est pas anormal (déviant, condamnable), juste hors norme (différent, sans jugement de valeur).

**«** J'ai pu comprendre pourquoi j'avais le sentiment de vivre au milieu de gens étranges et incompréhensibles, pourquoi je souffrais beaucoup dans les relations humaines teintées de violence ordinaire. J'ai cessé de vouloir convaincre, cessé de vouloir me faire comprendre à tout prix, cessé de chercher l'adhésion de tous. D'une certaine façon, cela a donné des lettres de noblesse à mon étrangeté sociale, et m'a procuré ce que je cherchais depuis longtemps : la liberté d'être ce que je suis. **»**

Maud Labrume

• Se reconnaître surdoué donne un meilleur contrôle sur sa vie (on sait pourquoi on dit « non » et on respecte mieux ses priorités), et c'est excellent pour la santé mentale.

**«** J'ai arrêté de penser que j'étais folle, idiote, inadaptée, seule au monde, et que je dépendais pour réussir du bon vouloir d'une fée Clochette caractérielle et lunatique. Enfin quelque chose de cohérent, une explication à ce que je vivais. Tout a pris du sens ! Le reste, c'est à moi de le construire, en connaissant mieux mes forces et mes faiblesses. **»**

Laetitia

**«** Je ne suis pas un vilain petit canard… On dirait bien que je suis un cygne et que j'ai juste des plumes noires. **»**

Nathalie

**Accepter d'être surdoué, c'est se réconcilier avec soi-même et ne plus ressentir ce sentiment diffus de honte.** Cela ne résout pas tout, certes, mais cela soulage vraiment d'un grand poids. On ressent une forme de relâchement et de soulagement quand on fait ou dit quelque chose avec quoi on est intimement en phase, même si ce n'est pas éminent ; c'est le fameux « *flow* » de Mihály Csíkszentmihályi[1]. **Accepter est libérateur d'un nouveau flot d'énergie.**

---

1. Directeur du département de psychologie de l'université de Chicago, auteur de *Flow: The Psychology of Optimal Experience*, 1990.

**❝** Me savoir surdoué, ça m'a d'abord apporté une normalité, une explication exogène à mon défaut de normalité, pour que je puisse intégrer dans mon comportement le fait que les autres ne sont pas idiots, mais juste lents. Ensuite, ce fut une libération : j'étais paralysé à l'idée d'agir pour faire des trucs que j'allais encore rater ; forcément, j'ai plutôt revivifié mon envie d'oser agir. Enfin, j'ai ressenti une déculpabilisation sociale. En sachant à quoi faire attention, j'ai pu multiplier les contacts et en profiter. Fini la fuite pour éviter les impairs, je suis réconcilié avec moi-même. **❞**

Myl

Accepter d'être surdoué passe par quatre grandes étapes :

- **Se reconnaître** – Cette étape majeure est celle qui rencontre le plus de résistance de la part du surdoué. L'âge, le sexe, le diplôme n'entrent pas en ligne de compte dans cette reconnaissance. C'est d'abord une question d'estime de soi : plus celle-ci est faible, plus long sera le chemin de la reconnaissance.

**❝** Il faudrait d'abord que j'accepte le fait d'être comme ça. Même avec un papier tamponné, je ne sais pas si j'y arriverai un jour. En tout cas, revisiter toute sa vie avec cette nouvelle donnée, c'est long et fatiguant, mais ça m'aide à mieux comprendre certaines choses. **❞**

Inode

**❝** J'ai cessé de me poser des questions sur les comportements des autres à mon encontre et j'ai compris certaines réactions, imaginations, ainsi que le trop-plein d'angoisses que je porte. Maintenant que j'ai compris la dépression que je traîne depuis mon enfance, j'essaie d'aller mieux et de trouver un plaisir à continuer dans cette vie qui me paraît ennuyeuse. **❞**

Faïza

- **S'affirmer** – C'est un très long travail de relecture de sa propre vie, de prise de conscience et d'analyse de la façon dont se passent les interactions sociales et le rapport plus général qu'on a avec le monde.

**〈〈** Ça m'a fait perdre l'ersatz de sérénité que j'avais et m'a confronté à l'obligation de changer, ce qui n'est jamais facile, surtout quand on ne sait pas comment faire ni vers quoi tendre. Je ne sais toujours pas d'ailleurs. En même temps, je comprends un peu mieux mes difficultés. **〉〉**

Samir

**〈〈** Je sais que je suis différent. Quand je l'oublie, les autres ne manquent pas de me le rappeler. Ma douance n'a jamais été "officiellement diagnostiquée" si tant est qu'un tel "diagnostic" soit réellement possible. Ceci dit, je partage tellement de points communs avec cette population que mes doutes s'estompent de plus en plus. Être "alterdoué" (pardonnez mon allergie au terme "surdoué") ne change pas grand-chose à mon quotidien : mes problèmes restent les mêmes. Mais j'ai de plus en plus tendance à tenir compte de mes spécificités quand vient le moment de choisir. C'est comme être gaucher : au-delà de l'étiquette, il y a les besoins spéciaux qu'il faut prendre en charge. C'est le cœur de mon combat à présent. **〉〉**

Jed

**〈〈** Je dirais que cela m'a beaucoup apporté sur la compréhension de mes problèmes, mais que cela ne m'a pas beaucoup aidé pour les résoudre concrètement. J'ai encore du travail pour les prochaines années ! **〉〉**

Florian

- **Retrouver son groupe d'appartenance** – Cette étape permet de revenir à soi, à son fonctionnement naturel et de trouver une nouvelle confiance en soi.

**〈〈** Savoir que je pouvais appartenir à un groupe m'a d'abord soulagée, surtout un groupe "invisible". Mais j'étais tout aussi incrédule : mais non, je ne suis pas "comme ça". Jusqu'à ce que je regarde ce que j'étais capable de faire, en comparant avec mon entourage... J'ai ressenti du soulagement, en pensant que je n'étais pas folle, que je n'étais pas bizarre, c'est juste que je fonctionnais différemment. De l'angoisse aussi : si mon fonctionnement particulier vient de mon vécu, alors je peux y remédier ; si ce fonctionnement vient de ma constitution neurologique, alors je vais subir ces crises d'angoisse, ce manque de confiance en moi, ce perfectionnisme toute ma vie ! En fait, j'essaie de ne pas trop y penser, car j'ai tendance à tout regarder au travers de ce prisme, maintenant. Le point positif, c'est que ça m'aide dans ma vie de famille, avec mes enfants, mais aussi dans ma vie professionnelle. Je suis différente, alors autant l'assumer et le valoriser ! Reste à savoir comment… **》》**

Agafia

* **La recherche d'affinités** – Quand on est rassuré sur son mode de fonctionnement et son appartenance, alors il est possible de se mettre en marche pour mieux répondre à ses besoins.

J'ai le souvenir de personnes qui ignoraient qu'elles étaient surdouées et que j'avais identifiées comme telles. Elles avaient appris à vivre à l'écart du monde. J'ai réussi à organiser une rencontre de surdoués à laquelle ces personnes ont participé. La rencontre avec des inconnus avec lesquels elles se sentaient bien les a étourdies, désarçonnées, mais aussi dopées, au point que retourner à leur quotidien a été pénible. D'autres rencontres leur ont ensuite permis d'accéder à un nouvel équilibre. Oxygénées et non plus dopées, elles supportent aujourd'hui mieux leur environnement quotidien, en sachant qu'il leur est possible de revenir, quand elles le souhaitent, à leur groupe d'appartenance, mais aussi bien conscientes désormais de leurs besoins qu'elles s'emploient à respecter, en particulier sur le plan professionnel.

## APPRENDRE À VIVRE AVEC LE SURDON

Vous vous êtes peut-être découvert surdoué récemment et vous vous posez des questions sur votre développement professionnel, mais vous êtes un peu perdu.

Rappelez-vous d'abord qu'il n'est jamais trop tard pour découvrir son surdon et aller mieux. Ensuite, pour penser à votre avenir, relisez d'abord votre passé. Cernez et comprenez vos besoins de surdoué et entamez une réflexion sur votre vocation profonde. De là, découleront des stratégies pour mieux évoluer professionnellement, mais aussi pour préserver votre santé.

## Pour penser à l'avenir, penser d'abord au passé

Être adulte surdoué en milieu professionnel est le résultat de trois facteurs qui interagissent et produisent leurs effets tout au long d'une vie : le degré de surdon (et son expression dans tel ou tel domaine), l'adaptation au système scolaire et les caractéristiques personnelles de chacun.

Il faut se rappeler que le surdon ne « fait » pas une personnalité. La construction identitaire est un élément à part entière qui va interagir avec les caractéristiques du surdon, en rendant d'ailleurs parfois difficile son identification. D'où l'importance, lors de la passation d'un test ou d'un accompagnement ultérieur, de pouvoir compter sur un thérapeute qui saura faire la part des choses et expliquer comment construction identitaire et surdon ont interagi.

**《** J'ai été diagnostiqué ado, mais je ne me suis jamais imaginé que la surdouance avait eu un impact sur ma vie, même si je me sentais globalement fort différent des "autres". J'attribuais cela à de simples différences de caractère, ce qui est bien le cas, mais sans jamais imaginer que la source pouvait être ma surdouance. J'ai peu à peu pris conscience de l'impact que cela avait eu dans ma vie, qui est loin d'être un long fleuve tranquille… Donc, me savoir surdoué ne m'a jamais rien apporté. **》**

Givré

**《** L'annonce de la "bestiole" m'a vraiment apaisée, me permettant, petit à petit, de me recoller avec moi-même, ce qui est toujours apaisant. Sachant qui je suis, je peux maintenant faire confiance à ce que je sens, ce que je ressens et ce que je pense. Je fais donc des choix plus pertinents, plus constructifs, plus glorieux aussi ! J'ai moins honte de vivre seule depuis toujours. Je relativise beaucoup plus. Je lâche l'affaire plus facilement. Je sélectionne mieux. Je m'énerve moins. Je ne pense pas que la douance soit un handicap, même poussée à un très haut niveau. Au contraire. Les handicaps sont ailleurs, même lorsqu'ils sont générés par une hyperréceptivité liée à la douance. J'attends beaucoup moins du monde. Je trouve ça triste, mais en même temps force est de constater que c'est maintenant que je rencontre les gens les plus intéressants. **》**

Armelle

Revisiter sa vie à la lueur du surdon permet souvent d'être apaisé, de mieux comprendre le passé, même si parfois domine un sentiment d'amertume sur le temps qui ne se rattrape pas. C'est le moment où jamais de comprendre et d'alléger certains conflits internes passés, pouvant résulter de l'interaction entre l'inné et l'acquis, afin de prendre un nouveau et bon départ.

Réfléchir à ce qu'a été votre vie entre l'âge de deux et cinq ans peut vous apporter un éclairage sur ce que vous êtes aujourd'hui. À mon sens, rien ne remplacera cependant un accompagnement thérapeutique qui vous fera creuser plus profondément encore en vous et qui vous aidera, surtout, à comprendre et à dépasser ce que vous trouverez.

Pourquoi s'attacher à la période qui va de deux à cinq ans ? Parce que c'est celle au cours de laquelle se construit l'inconscient, à l'origine de toutes les grandes décisions et orientations dont nous décidons.

Revoyez-vous à 5 ans dans une pièce dans laquelle vous passiez beaucoup de temps et réfléchissez aux questions suivantes : Comment me sentais-je à cette époque-là ? À quoi aimais-je jouer ? Quelles étaient les dynamiques à l'œuvre (jalousie et compétition familiale, par exemple) et les événements familiaux ? Qu'est-ce qui m'a été transmis ? Est-ce que tout le monde m'a envoyé le même message (ma mère me disait « le monde est dangereux », mon père « tu es nul », mon grand frère « tu seras basketteur ») ? Comment tous ces éléments ont-ils contribué à construire ma vie actuelle ?

L'enthousiasme que vous éprouvez aujourd'hui pour certaines activités vient des émotions ressenties lors de ces cinq premières années de votre vie. Creusez-les et analysez leur intensité, elles sont un élément clé pour comprendre ce qui vous est arrivé ensuite. Cette étape est essentielle : elle vous permet de développer une conscience aiguë des ajustements négatifs ou positifs que votre inconscient a forgés face à ces émotions. Si vous avez développé un ajustement positif – si, enfant, vous avez su vous adapter aux demandes de votre environnement sans rupture de votre équilibre psychique –, vous avez été armé pour affronter la vie. Dans le cas contraire, l'ajustement négatif que vous avez développé n'a pas facilité votre apprentissage de la vie future.

Ne négligez surtout pas l'impact de l'intensité de vos émotions de surdoué sur ce qui vous est arrivé. Rappelez-vous que les émotions sont un élément clé de l'apprentissage.

Si vous devez réfléchir à une nouvelle orientation professionnelle, fondez-vous sur ce que vous avez identifié de vos occupations naturelles lorsque vous étiez enfant. Efforcez-vous de ne pas chercher à tout prix à entrer dans une activité « monochrome », dont la conséquence sera l'ennui (donc l'échec) assuré.

Rappelez-vous qu'il vous faut une activité qui, tout à la fois, doit :

- satisfaire le besoin de complexité et de nouveauté de votre cerveau ;
- vous permettre d'évoluer en accord avec vos centres d'intérêt ;
- convenir et s'adapter à votre rythme ;
- inclure des ingrédients de créativité et d'innovation.

**❰❰ Pour rentrer dans le moule, identifiez d'abord le moule dans lequel vous voulez rentrer, ou bien créez-le ! ❱❱**

Émilie Rivet (recruteur), « Les HPI et le monde du travail »,
Intelligence Day, Mensa Pays de Loire, 2014

Si votre niveau d'études vous paraît insuffisant pour prétendre occuper l'activité choisie, ne craignez pas de retourner à l'« école », entre autres par le biais des MOOC[1]. Réfléchissez aussi à la possibilité de lancer votre propre activité, une piste très appropriée pour nombre de surdoués. Dans ce cas, n'hésitez pas à fréquenter un espace de coworking où vous pourrez confronter vos idées avec d'autres individus tout aussi créatifs et novateurs que vous. Enfin, réfléchissez à une solution intermédiaire : trouver votre équilibre en alliant une activité salariée et des activités parallèles destinées à satisfaire vos besoins (penser, faire, créer).

---

1. *Massive Open Online Courses*, c'est-à-dire cours en ligne. Si beaucoup sont gratuits, certains sont payants (prix peu élevé, du fait de leur diffusion massive) ; tous permettent de se former à distance.

## Respecter certains besoins

Rappelez-vous qu'en tant que surdoué, vous avez des besoins spécifiques :

- **Besoin d'appartenance** – Être entouré de gens qui fonctionnent comme vous est essentiel pour vous aider à vous retrouver, à renforcer votre estime personnelle, à mieux comprendre comment vous fonctionnez et vous rassurer quant à votre singularité partagée par d'autres. Explorez les sites de Zebrascrossing ou de Mensa[1], par exemple, qui favorisent les rencontres entre surdoués.

- **Besoin de nourriture intellectuelle** – Quel que soit le niveau académique atteint, les surdoués, qu'ils soient ou non identifiés, ont en général un appétit singulier pour tout ce qui peut permettre à leur cerveau de mouliner : du traité d'électrotechnique au jeu d'échecs en passant par les mots croisés ou les casse-tête. Les MOOC, déjà évoqués, offrent de nouvelles perspectives à tous ceux que l'école n'a pas satisfaits.

**«** Mon travail dans la recherche a été la meilleure façon que j'ai trouvée de faire des études à vie ! **»**

Renarde20

- **Besoin de pratique et de créativité** – Votre activité intellectuelle ira mieux si elle s'enrichit d'une activité pratique et que votre intuition est entretenue grâce à la créativité (dessin, bricolage, décoration, organisation de soirées, petits programmes informatiques…). L'essentiel est que vous arriviez à trouver un équilibre entre routine et diversité.

## GÉRER SA RÉPUTATION

*« J'ai appris que les gens oublient ce que vous dites et ce que vous faites, mais ils n'oublient pas comment ils se sont sentis grâce à vous. »*

Maya Angelou

---

1. http://www.zebrascrossing.net/ et http://www.mensa-france.org/en

En entreprise, il est indispensable de gérer sa réputation. Rumeurs, vraies ou fausses, y circulent et Internet n'est pas là pour arranger les choses. Chacun construit son filtre à partir de ses expériences et de son écoute. La différence de repères risque d'accroître les malentendus entre surdoués et non-surdoués.

Quelques « trucs » et un peu de marketing personnel vous permettront d'améliorer les échanges avec les autres et de veiller à ne pas être trop dyssynchrone – car c'est le groupe dominant qui imprime le rythme auquel la minorité (vous) doit s'adapter –, sans pour autant abdiquer votre personnalité, vos valeurs et vos besoins, particulièrement quand vos émotions s'en mêlent.

Gardez toujours en tête qu'un collaborateur est valorisé et promu à l'unique condition que ses compétences contribuent à renforcer le pouvoir hiérarchique en place dans la structure à laquelle il participe. Cela est vrai, tant pour un non-surdoué que pour un surdoué.

**❮❮** Je passe pour un bourreau de travail parce que j'ai des horaires atypiques, c'est tout. Je mets en avant ce que je fais. J'ai appris que le marketing, ça compte. **❯❯**

Maud Labrume

**❮❮** Je ne comprends pas pourquoi les "normaux" donnent l'impression de valoriser ceux qui bossent des heures de manière très inefficace pour effectuer une tâche, plutôt qu'une personne ayant réfléchi avant de l'effectuer très rapidement. **❯❯**

Alex

Une bonne part des problèmes de communication entre les individus tire ses racines du manque de tolérance pour la différence[1]. Penser que seul l'autre est à la base du problème revient à ne pas se donner le pouvoir de

---

1. À ce sujet, j'ai été très intéressée par un livret d'accueil de l'Organisation des Nations unies (ONU) intitulé « Prenez votre carrière en main – Gérez votre réputation ». On y dessine les comportements à adopter ou ceux à éviter, un genre de code explicite, érigé en « loi » informelle, l'ONU faisant travailler ensemble un nombre élevé de nationalités, donc de cultures aux implicites très différents.

changer les choses. Bien évidemment, quand on ne sait pas sur quel levier agir, c'est la solution la plus simple. Et il est vrai que la tâche qui consiste à améliorer sa communication est si vaste qu'elle peut décourager dès le début.

Les surdoués sont, eux aussi, parfaitement capables d'adopter une attitude de défiance et d'intolérance à l'égard de ceux qui ne fonctionnent pas comme eux. J'y vois un réflexe de terreur enfantine, une manifestation de l'impuissance apprise très jeune, en particulier face au harcèlement qu'ils ont subi parfois dès l'école.

Or les surdoués représentant une minorité dans le monde du travail, ils ne peuvent se poser en forteresse assiégée : le surnombre des non-surdoués les fera capituler à coup sûr pour les contraindre à rentrer dans leurs normes bien lisses. Mieux vaut donc vivre avec son surdon et l'apprivoiser, et non vivre malgré lui ; ce qui est dans le fond très différent.

## Améliorer son image

Notre économie attribue une valeur marchande aux objets comme aux travailleurs (salaire). À la recherche d'un emploi où ses besoins seront satisfaits, le surdoué doit donc apprendre à se considérer comme un produit à lancer sur le marché (du travail) et trouver le bon créneau (l'environnement professionnel), celui où le produit (lui) sera le mieux accepté. En d'autres termes, le surdoué doit faire son marketing personnel, améliorer son image pour mieux se vendre !

Apprenez à séduire, même si vos premières réactions, généralement négatives, risquent d'être celles-ci : « Je n'aime pas parler de moi », « Faire ma promotion, c'est de l'arrogance », « Je ne suis pas une courtisane », « Mes qualités sont évidentes, je n'ai pas à en parler »... Pourtant, exister durablement dans le monde professionnel est juste une question d'apparences, un jeu à jouer, des règles à apprendre. C'est vrai pour tout le monde, mais pour vous, surdoué, qui avez tant de difficultés avec les implicites et les règles communes, c'est encore plus vrai.

J'ai conscience de la difficulté que ce conseil peut représenter pour le sur-doué introverti, car c'est toujours plus facile de parler des autres que de soi-même. Néanmoins, plus on connaîtra votre existence et votre valeur, meilleures seront vos chances de progresser dans l'entreprise. Il faut donc que vous appreniez à apprivoiser les autres pour qu'ils parlent (en bien) de vous.

Dans les pages suivantes, je vous propose tout un programme. Plutôt que de jeter des pavés dans la mare, je vous propose quelques briques destinées à construire une forme de halo protecteur autour de votre personnalité profonde et à vous montrer qu'il vous est parfaitement possible de vivre avec et non malgré les autres, sans avoir à abandonner votre personnalité. Ensuite, je vous suggère quelques trucs pour vous aider à vous rappro-cher des autres en transformant votre façon d'être perçu par eux. Enfin, quelques astuces vous aideront à mettre en valeur vos atouts et vos qualités, et à voler presqu'à la même altitude que les autres.

## Pas de pavés, plutôt des briques pour de bonnes fondations

Je vous propose ici sept briques pour améliorer votre intelligence rela-tionnelle et vous aider à ne pas apparaître aux yeux des autres menaçant-révolutionnaire et/ou arrogant-isolationniste. Libre à vous, bien sûr, de les ignorer, mais le prix de cet oubli risque, hélas, d'être très élevé. Quel est l'intérêt de souffrir en permanence si vous avez une chance de pouvoir évoluer, de mieux vivre et de réaliser des choses que vous aimez et qui vous permettent de vous épanouir ?

**Brique 1 – Comprenez pleinement ce que signifie être surdoué et ce décalage entre vous et les autres.**

**Brique 2 – Sachez de quoi est fait votre surdon et acceptez ce mode de fonctionnement.** La loi du plus grand nombre définit la norme et mar-ginalise les autres, qui sont souvent stigmatisés et la cible de réactions négatives, quand ils ne sont pas carrément mis au ban de la société pour finir en mode survie. Vivre, et non survivre, c'est continuer à apprendre et à développer ses savoir-faire et son savoir-être. Devez-vous espérer des non-surdoués qu'ils fassent l'effort de changer pour mieux vous comprendre ? Non, car – hélas – le lot de toute minorité numérique, si elle veut se préserver, est de s'adapter.

Toutefois, vous adapter ne signifie pas vous prostituer, ni trahir vos principes ou vendre votre âme au diable !

**Brique 3 – Faites les choses « comme il faut ».** Comme d'habitude, il y a le fond et la forme, et c'est surtout sur la forme que les surdoués sont jugés, parce qu'ils ne font pas comme les autres, avant même de ne pas être comme les autres. Il est donc essentiel que vous adoptiez des stratégies de camouflage et/ou d'intégration qui vous permettront de satisfaire un minimum d'apparences pour qu'on vous « fiche un peu la paix ».

Certes c'est lassant, mais c'est un sauf-conduit pour votre tranquillité. Si par exemple vous jugez une procédure inutile, vous pouvez toujours vous amuser à comprendre pourquoi elle a été mise en place et comment l'améliorer, mais faites d'abord et quand même ce que l'on vous demande.

**Brique 4 – Investissez du temps pour développer vos habiletés sociales.** Rappelez-vous que les habiletés sociales sont prioritairement valorisées par l'entreprise qui veut des équipes soudées : le « savoir-vivre ensemble » est donc la qualité première demandée aux collaborateurs, avant même les compétences. Apprenez à vous insérer dans votre équipe de travail et à coopérer avec ses membres, le profit est immédiat. Les trucs et astuces présentés plus loin vous y aideront, la communication en fait partie.

**Brique 5 – Développez un réseau en commençant par des surdoués** (que vous pouvez appeler « entraide entre copains » si vous préférez). Commencez à bâtir ce réseau avec des surdoués : comme vous fonctionnez intellectuellement de la même façon, il vous sera plus facile de leur expliquer vos idées et de communiquer avec eux, déjà, sans freins.

Vous ne voyez pas l'intérêt de développer un réseau et/ou ne savez pas comment faire ? Pourtant, un réseau c'est du « *soft power* », qui donne de la force sans dépenser trop d'énergie. Juste de temps en temps, vous vous montrez, vous participez, vous partagez des infos et, même si vous avez le sentiment de ne pas être intéressant, ce n'est pas grave. Le principal est que vous arriviez à être présent dans le paysage de ceux qui font partie de votre réseau. Pas à pas – réunions, séminaires, cafés, soirées amicales, week-ends –, vous rencontrerez d'autres personnes et toutes ces rencontres multiplieront les connexions. Vous pourrez échanger des idées, des bons tuyaux, des coups de main sans autre arrière-pensée que « à charge de revanche ». C'est idéal pour relayer de façon fluide des informations vous concernant auprès d'autres personnes dont vous pouvez avoir besoin à un moment donné.

**Brique 6 – Élargissez votre réseau initial à d'autres cercles.** En fonction de vos centres d'intérêt, agrandissez votre champ de relations. Cette ouverture va faciliter l'acquisition d'informations parfois stratégiques, et l'identification opportune de personnes ressources (quelqu'un qui connaît quelqu'un) auxquelles demander conseil ou vous permettant de rebondir.

**《** J'ai appris que la seule réussite valable est celle où l'on ne doit rien à personne d'autre que soi-même (pas de piston). J'ai donc toujours soigneusement évité de développer mes relations professionnelles. Aujourd'hui, je ne peux que constater à quel point c'est une grave erreur d'appréciation. Je commence timidement à m'y mettre, mais cela ne coule pas de source pour moi. **》**

Florian

**《** Réseau professionnel presque inexistant... Même si certaines de mes relations pro ont un réseau très lourd, il est hors de question pour moi d'en profiter, à moins que l'une de mes relations me le propose. Je n'aime pas demander, tout en étant consciente que certains milieux professionnels ne fonctionnent que par le piston. **》**

Solange

**《** Mon réseau n'est pas important, mais sûr. **》**

Faïza

**Brique 7 – Appuyez-vous sur un mentor.** Avancer seul est angoissant, aussi est-il toujours plus constructif de pouvoir faire le point et de demander conseil à quelqu'un de bienveillant, capable de vous dire ce qui ne va pas, mais aussi de vous encourager quand vous hésitez. C'est le principe du coaching. Comme tout le monde n'a pas les moyens de recourir à un coach, pensez à votre réseau (d'où l'importance d'en avoir un), duquel peut émerger la personne de bon conseil qui vous aidera à avancer.

**«** Alors qu'à l'école personne ne m'a jamais conseillé, dans les différentes entreprises où j'ai travaillé j'ai toujours trouvé quelqu'un (collègue ou supérieur direct) pour me guider et m'aider à progresser. **»**

Le Loup

**«** Entre mes parents, ma famille, les responsables de stage, les amis…, oui, j'ai reçu beaucoup de conseils qui m'ont très souvent servi. **»**

Antoine

**«** C'est avec les autres salariés que j'ai découvert la manière de fonctionner de mon entreprise, ma direction et les stratagèmes pour éviter ou obtenir certaines choses sans les demander explicitement, par exemple. **»**

Solange

**«** J'ai choisi des modèles qui m'ont permis de me construire en apprenant les codes, les démarches en termes de reconnaissance, mais aussi la manière d'utiliser ces codes, qui est aussi importante que les codes eux-mêmes. Mais je dois être mauvais élève, car cela ne m'a pas servi pour évoluer. **»**

Ajar

## Quelques trucs en matière d'habiletés sociales

Le surdoué est toujours en recherche d'excellence. Particulièrement compétiteur vis-à-vis de lui-même plus encore que par rapport aux autres, il est également à la poursuite de rêves plus encore que d'objectifs.

Pour améliorer votre marketing personnel, il va donc falloir que vous appreniez à vous « manipuler », c'est-à-dire à transformer l'idée que vous avez de vous-même et vos envies de perfection. Voici comment :

- **Truc 1 – Évitez de vous comparer en permanence aux autres.** Vous n'avez pas de Rolex à 50 ans ? Et alors (n'en déplaise à Jacques Séguéla, grand inventeur de slogans) ?
- **Truc 2 – Évitez de vous comparer à vous-même.** Ce n'est pas parce que, cette fois-ci, vous n'avez pas réussi à faire encore mieux que la dernière fois que le résultat obtenu n'est pas bon ! Un cheminement est fait de hauts et de bas, c'est le cap qui est important.
- **Truc 3 – Ne questionnez pas les objectifs qu'on vous a fixés.** Ils sont peut-être ridicules ou insuffisants à vos yeux, mais voilà, ils conviennent à ceux qui vous les ont donnés. Atteignez-les ou dépassez-les un peu, mais évitez de les pulvériser : vous seriez incompris ou, pire, jugé comme dangereux. Atteignez l'objectif et utilisez le temps et l'énergie restants à d'autres objectifs qui vous nourriront intellectuellement (et, qui sait, vous prépareront un autre avenir).
- **Truc 4 – Ne dites pas aux autres ce que vous n'aimez pas qu'on vous dise.** Le respect dû à l'autre tient au simple fait qu'il existe. Même si beaucoup de surdoués se plaignent de ne pas être respectés par les non-surdoués, nombreux sont aussi les surdoués à traiter les non-surdoués de façon disqualifiante (« Suis-je vraiment élitiste en disant que la plupart des gens sont cons ? »). Il est important d'écouter l'autre sincèrement pour, en retour, être écouté, peut-être même être entendu.
- **Truc 5 – Donnez envie de travailler avec vous.** Qu'est-ce qui motivera votre interlocuteur à le faire ? Voici quelques questions à vous poser avant d'interagir :
  - Lui sourire ou lui « faire la gueule » ?
  - Lui dire « Je suggère d'essayer », « Et si on essayait ? » ou « vous n'avez qu'à... » ?
  - Lui montrer « les plus de votre solution » ou « l'erreur dans son raisonnement » ?

Vous ne serez apprécié que de ceux auxquels vous tenez des propos positifs. Vouloir à tout prix avoir raison, descendre en flamme ou avec un humour caustique ceux qui ont une idée différente, être toujours catégorique et ne s'en tenir qu'à son seul raisonnement…, déclenche forcément l'hostilité. Qu'en pensez-vous ? Commencez donc par sourire, c'est une invitation à s'ouvrir !

- **Truc 6 – Apprenez à être patient avec les autres.** Acceptez leur lenteur et leur manque de curiosité. Cultivez la patience et évitez la condescendance pour essayer de comprendre le cheminement des autres, ce qui vous permettra de mieux cerner le décalage qui vous sépare. Oui, c'est épuisant, mais on construit plus grand à plusieurs plutôt que seul ; c'est pourquoi on crée des équipes, des entreprises, etc. On a toujours besoin de quelqu'un à un moment ou à un autre pour résoudre un problème, ne serait-ce que parce qu'on l'estime mieux sous différents angles et avec l'aide d'un œil extérieur. On peut être patient sans être condescendant. Question d'état d'esprit.

## Des astuces pour améliorer le quotidien professionnel

**Astuce 1 – Comment aller moins vite.** Lors d'un projet collectif, vous savez que vous allez le traiter trois fois plus vite que les autres. Si le temps nécessaire pour accomplir cette tâche est pour vous d'1 jour, prévoyez 3 jours dans le planning. Quand vous aurez terminé, faites autre chose (discrètement !) en attendant que les autres aient eux aussi terminé…, dans 2 jours. Vous ne serez pas en avance, ils ne seront pas en retard, le planning sera respecté et l'objectif atteint. Le délai n'est certes pas raccourci alors qu'il aurait pu l'être ? D'accord, mais puisque le délai planifié de 3 jours est respecté, pourquoi ne pas vous satisfaire de ce résultat qui convient à tout le monde ? Rappelez-vous, c'est la cohésion des équipes qui est la priorité. Si cela ne vous convient pas, voyez-y le signe qu'il est temps pour vous de changer d'entreprise pour une autre, plus exigeante, ou de créer la vôtre. À défaut, entreprenez au bureau une activité annexe qui vous passionne (restez discret quand même) et qui vous permet de tenir face à l'ennui au travail.

**«** On m'a toujours reproché un côté brouillon lié à l'effervescence d'idées que produit sur moi une question, un exercice ou un projet. Une fois ressenti le plaisir d'imaginer et de tester globalement, je suis pris d'une très grande flemme. J'ai appris à faire avec et à ne pas me laisser aller à la paresse. Au contraire, je l'utilise pour m'aider à réaliser mes tâches au boulot en travaillant le moins possible avec le maximum d'effets. **》**

Alex

**Astuce 2 – Comment ne pas vous faire (trop) remarquer.** Vous savez, dès le démarrage d'une réunion, quelle décision devrait être prise à la fin. Parler en premier ne va rien arranger. Appuyez-vous sur votre don de synthèse et veillez à ne vous exprimer qu'en dernier ! Laissez tous les autres parler d'abord et, surtout, surtout, surtout, ne les interrompez pas ! Prenez des notes et, au besoin, « zentanglez »[1] pour vous aider à patienter. Enfin, présentez votre synthèse en reprenant toutes les positions exprimées. Vous verrez que vous parviendrez facilement à créer un consensus autour de votre idée : votre conclusion deviendra collective. En plus, tout le monde louera votre esprit fédérateur et votre proposition d'une synthèse constructive, au lieu d'avoir rajouté un énième point de vue au débat.

**Astuce 3 – Comment écouter davantage et moins s'exprimer.** « Celui qui ne parle pas a l'air plus intelligent » : lors d'un entretien, ce vieil adage vous sera bien utile. Pendant que votre interlocuteur s'exprime, taisez-vous, respirez (respiration ample), souriez et, pour refréner votre envie de parler, détaillez (dans votre tête) tout ce qui vous plaît chez votre interlocuteur. Si vous arrivez à l'écouter et à lui laisser la parole plus que vous n'aurez parlé, vous avez gagné : votre interlocuteur sera ravi de l'attention que vous lui aurez portée. Il se peut même que votre idée initiale en sorte enrichie.

**Astuce 4 – Comment argumenter plus efficacement (épisode 1) : prenez le temps de détailler vos arguments.** Vous n'avez besoin que de 5 minutes pour exposer votre idée ? Tant pis : même si votre explication doit prendre trois fois plus de temps que ce que vous ne l'auriez souhaité, dites-vous que c'est justement le temps nécessaire dont vos interlocuteurs non surdoués ont besoin pour vous suivre. Pour aller de A à Z, ils doivent passer par 24 autres lettres ! Vous ne pourrez pas le changer.

---

1. Le zentangle est un gribouillage zen.

**Astuce 5 – Comment argumenter plus efficacement (épisode 2): sachez accepter les objections et les critiques.** Recueillez-les sans y répondre jusqu'à la fin. Critiques et objections expriment l'incompréhension, mais sont aussi un moyen pour vos interlocuteurs de s'approprier une idée nouvelle. Le sachant, vous serez plus détendu.

**Astuce 6 – Comment argumenter plus efficacement (épisode 3): évitez les jugements abrupts.** Même si l'idée de votre interlocuteur vous semble idiote, évitez de lui dire: «C'est n'importe quoi». Pour contrer un argument, il est plus efficace de commencer par «C'est très bien et, en plus...», plutôt que d'énoncer «Non, au contraire...». Les commentaires sécurisants assortis d'un sourire favorisent la communication et donnent confiance. Préférez un souriant «Je ne comprends pas, que voulez-vous dire exactement?». Votre interlocuteur ne se sentira pas agressé et, peut-être, en vous expliquant son idée, s'apercevra-t-il tout seul qu'elle n'est pas si bonne que cela.

**Astuce 7 – Comment poser des questions.** Pour défendre une idée, un ton trop affirmatif et un débit de paroles trop vif ne joueront pas en votre faveur. Pour un meilleur résultat, insérez dans votre exposé une succession de questions du style: «Est-ce qu'on pourrait...», «Est-ce que ce serait moins bien si», etc. À partir de ce puzzle, votre interlocuteur va finir par croire qu'il a tout seul réinventé l'idée première. Vous vous dites que c'est de la manipulation? Pas du tout, c'est juste de la curiosité bienveillante.

**Astuce 8 – Comment répondre aux questions (épisode 1): différez certaines réponses.** Une question vous déstabilise? Au lieu de risquer de répondre mal et agressivement, demandez un délai pour donner votre réponse: votre interlocuteur se sentira entendu et rassuré par l'attention réelle que vous portez à sa question. Si par contre il émet des doutes quant à une potentielle réponse de votre part, il exprime sa peur ou tente de vous manipuler. Ne vous laissez alors pas envahir par la panique, respirez et recentrez-vous!

**Astuce 9 – Comment répondre aux questions (épisode 2): pensez à autre chose.** Si votre projet est trop novateur pour votre entreprise, et que les questions, objections et critiques démontrent que vous n'êtes pas en phase, il est peut-être temps de changer d'entreprise.

**Astuce 10 – Comment canaliser vos émotions ?** Utilisez la sincérité et l'autodérision quand vos émotions débordent. En vous exclamant « Et voilà que je m'emporte encore ! », vous amuserez les autres tout en vous calmant. La mise à distance a un résultat instantané.

**Astuce 11 – Comment prendre du recul ?** Différenciez les critiques sur vous des critiques sur vos actions et respirez un bon coup. Anticipez les éventuelles critiques en distinguant celles qui portent sur des faits (résultats, comportements) de celles qui portent sur vous et ce que vous êtes. Ce que vous faites n'est pas ce que vous êtes : vous pouvez avoir produit zéro résultat sans pour autant être nul. Ces critiques sont autant d'occasions de vous rapprocher des standards de qualité de l'entreprise, pour vous qui êtes un perfectionniste.

**Astuce 12 – Comment arrêter de vous saborder ?** Positivez. Apprenez à faire de vos monologues intérieurs des moments positifs : « Si je rate projet, je ne pourrai pas… » doit devenir « Si je réussis ce projet, je pourrai… ». Faire taire la voix intérieure qui vous rappelle vos limites vous aide à être bienveillant envers vous-même et vous encourage. De plus, si vous vous concentrez uniquement sur vos idées noires, vous oubliez les besoins de votre corps, alors qu'en positivant vous serez mieux à son écoute. Reprendre contact avec votre corps vous offrira une vraie renaissance.

**Astuce 13 – Comment réussir à atteindre ses objectifs ?** Pour le surdoué, le problème n'est pas tant d'atteindre ses objectifs que de trop en faire. Bien souvent, dépasser les objectifs apparaît dangereux pour l'ordre établi. En entretien d'objectifs, prenez l'habitude de valider exactement les attentes : quantifier vous évitera certainement d'en faire trop !

**Astuce 14 – Comment entamer une démarche d'amélioration ?** Vous ressentez le besoin d'avoir un entretien avec votre manager, car vous n'êtes pas sûr de faire votre travail comme il le souhaite. Dans l'attente de sa réponse, préparez les points à aborder avec lui. Lors de l'entretien, demandez à votre manager desquelles de vos compétences et de vos actions il a une vision positive, mais aussi quels points d'amélioration il suggère. Acceptez d'entreprendre cette démarche d'amélioration et, en retour, demandez-lui de s'engager à vous faire part de son avis sur ces améliorations. Outre votre besoin de perfectionnisme comblé, avoir su mettre en valeur votre manager peut améliorer vos relations avec lui, si tant est qu'elles n'étaient pas au beau fixe jusqu'ici.

**Astuce 15 – Comment supporter le décalage au quotidien ?** Développez-vous en parallèle de l'entreprise, cela vous vous apportera de l'oxygène. Il est clair que vivre en permanence au ralenti avec le sentiment d'être entravé est épuisant. Conduire une voiture de course en ne passant jamais la seconde conduit à en casser le moteur rapidement. Ce développement parallèle peut-être tout aussi bien une activité «gratuite» qu'une activité marchande. Sauf clause d'exclusivité, il est parfaitement possible de cumuler deux emplois.

> **《** Même si je n'ai été diagnostiquée surdouée qu'à l'âge de 44 ans, j'ai toujours su exactement qui j'étais. J'ai choisi de créer mon propre emploi à 21 ans. Cela ne m'a pas permis d'éviter tous les imbéciles de la Terre, mais quelques-uns quand même. **》**
>
> Nathalie

## Stratégies de base pour un marketing personnel efficace

La partie la plus difficile de votre effort de communication va consister à utiliser les mots et les attitudes qui doivent mettre les autres en confiance, à faire en sorte qu'ils ne se sentent pas menacés. Voici quelques conseils qui peuvent améliorer votre marketing relationnel :

- Sachez dire «bravo», «merci» et «félicitations», particulièrement à ceux qui exécutent des tâches routinières (elles sont le ciment d'une société), pour lesquelles vous, surdoué, n'êtes pas «équipé», mais dont vous bénéficiez quand même.

- Vous n'aimez pas vous sentir manipulé, ni être le jouet de quelqu'un qui semble avoir trois coups d'avance sur vous ? C'est pareil pour les non-surdoués, qui font souvent ce même reproche aux surdoués.

Puisque vos intentions sont honnêtes, pourquoi ne pas clarifier sereinement avec vos interlocuteurs les raisons qui vous poussent à agir ainsi ? Vous affirmerez votre moi et les rassurerez peut-être en même temps – parce qu'ils ne voient pas forcément ce que vous voyez.

- Montrez aux autres que vous vous intéressez sincèrement à eux, à ce qui les motive, à leur façon de prendre des décisions, à leur mode de pensée. Ce n'est pas de la manipulation, mais de la sociabilisation. En les connaissant mieux, vous apprendrez à leur faire confiance et, en retour, peut-être obtiendrez-vous plus facilement leur confiance ; ce qui vous aidera à travailler efficacement ensemble. Même s'il n'est pas garanti que vous arriverez à établir le contact – on ne peut pas vouloir à la place des autres –, au moins vous aurez sincèrement essayé.

- Si un fanfaron vous énerve, évitez de le renvoyer dans les cordes à la moindre de ses erreurs et de le critiquer acerbement trop souvent. Pensez au malaise que vous éprouverez le jour où vous serez pris en flagrant délit d'erreur.

- Rappelez-vous que vous êtes «programmé» pour réfléchir en permanence dans une logique de long terme. Et pourtant, alors que vous savez «voir loin dans le brouillard», aimeriez-vous que votre chauffeur fonce lui-même à 150 km/h dans le brouillard ? Acceptez de rouler plus lentement pour rassurer vos interlocuteurs sur leur essentiel à eux : le court terme. N'hésitez pas à leur demander ce qu'ils souhaitent pour vous caler sur leurs attentes. Cela apportera un confort inestimable à vos relations interpersonnelles.

- Vous n'aimez pas les fayots, ceux qui font des compliments pour obtenir la récompense qu'ils veulent ? C'est pourtant le jeu pour progresser en entreprise. Apprenez à travailler sans attendre aucune reconnaissance pour la qualité de votre travail. Veillez simplement à ne pas donner plus que ce qu'on vous demande : vous y gagnerez beaucoup en énergie, que vous pourrez réorienter sur des objectifs personnels plus motivants.

- Pliez-vous à quelques obligations de socialisation collective. Si certains vous considèrent avec méfiance, c'est sans doute parce que vous ne participez à aucune réunion ni rassemblement festif. Certes, le bruit, les nuisances et la vacuité de certaines conversations vous ennuient profondément, mais faites-vous violence car, en entreprise, le refus de socialisation est mal vu. Pour ne pas oublier ces moments qui sont souvent très conviviaux, utilisez le calendrier avec alarme de votre smartphone pour vous rappeler à temps les anniversaires ou les événements dont vous avez été prévenu. Le jour venu, apportez un gâteau : il parlera pour vous en rassurant les autres sur le fait que vous êtes « comme tout le monde » (surtout si le gâteau est bon).

**«** Je fais tout ce qui est en mon pouvoir pour masquer la quantité de travail que je suis capable d'abattre. Par exemple, je prends beaucoup de pauses café, juste pour discuter. **»**

Alex

**«** Je pense que c'est (aussi) à moi de faire les efforts qu'il faut au niveau relationnel : saluer chacun le matin, préparer le café (9 h, 16 h) pour les caféïnomanes (comme moi), manger avec les autres le midi, apprendre à gérer les personnalités problématiques (le plus difficile). Et si j'étais après tout vraiment ingérable et que je jouais de ce personnage ? Et si je mettais un point d'honneur à ne pas faire comme les autres, afin de m'enfoncer un peu plus dans la peau de l'incompris ? Et si j'éprouvais le besoin d'étaler mon savoir sans percevoir les signes de lassitude de mon auditoire ? Et si j'étais irresponsable au point que l'on ne puisse pas me faire confiance ? Et si… En bref, et si certains des reproches que l'on peut me faire étaient parfois justifiés ? **»**

Jean-Marie

**«** Tous les midis, après avoir déjeuné avec mes collègues, je vais boire un café et jouer au tarot avec eux, même si je n'aime pas vraiment le café et le tarot. J'ai pris conscience que c'est en fait assez important : cela contribue à entretenir de bonnes relations de travail. Parfois, c'est même dans ces moments-là que se règlent les problèmes de certains dossiers ! **»**

Florian

Faire son marketing personnel offre beaucoup d'opportunités :

- On est plus facilement promu et, quand on monte dans la hiérarchie, on a quand même plus souvent l'occasion de travailler sur des sujets complexes, de se nourrir intellectuellement, et même d'être plus autonome.
- On peut plus facilement modeler son poste de travail, tant en termes de tâches que d'espace et de conditions.
- On se protège plus efficacement du harcèlement.

Bien sûr, je ne prétends pas que toutes ces briques, ces trucs et ces astuces vous permettront de tenir des années dans la même entreprise sans dommage. Et cela n'empêchera pas non plus que certains vous considèrent quand même avec méfiance et/ou jalousie.

Définitivement, vous ne serez jamais « conforme », vous serez toujours « hors du cadre ».

Mais je pense que vous pourrez plus facilement éviter quelques faux ou mauvais pas et mieux préparer un avenir professionnel plus conforme à vos attentes, en comprenant mieux les mécanismes de base qui régissent les relations humaines, tout particulièrement entre surdoués et non-surdoués.

## Mieux gérer ses émotions

L'expression de vos émotions a un impact sur votre image et votre réputation.

On perçoit, on apprend, on crée par les émotions. Elles ont une très grande valeur et présentent un immense atout. Elles devraient être les amies du surdoué, pourtant… Les tempêtes émotionnelles ne sont pas chez lui un vain mot. Elles suscitent incompréhension, voire réprobation, chez ceux qui ne les comprennent pas (« Ne vous mettez pas dans cet état ! » ou « Maîtrisez-vous ! »), surtout dans l'entreprise, qui n'est vraiment pas le lieu où les émotions ont le droit de cité.

Mettre ses émotions à distance, juguler les mouvements telluriques internes par un barrage intellectuel volontaire, dissocier le cerveau du corps est donc une réaction très classique chez un surdoué. Toutefois, ce n'est pas du tout une bonne idée – en tout cas sur le long terme –, car, un jour, la digue rompra.

Chez nombre de surdoués, ce sont les termes de frustration, colère et même tristesse qui reviennent très souvent en transparence dans leurs témoignages.

Il y a effectivement de quoi se sentir frustré, en colère ou triste pour un surdoué qui est en décalage permanent, même quand il fait des efforts pour éviter ou limiter ce décalage. Il y a de quoi se sentir frustré, en colère ou triste pour un surdoué qui se rend bien compte qu'il ne peut avoir aucune influence sur les croyances des autres (il est perçu avec leur propre système de valeurs et de croyance, tout au plus peut-il éviter que le ressenti négatif à son endroit ne s'aggrave). Mais où vont conduire cette frustration, cette colère et cette tristesse si ce n'est à l'autodestruction ?

Pourtant, il importe pour un surdoué de ne pas s'effondrer sous le poids des sentiments négatifs. Au contraire, il lui faut trouver l'énergie qui lui permettra de réagir, non par rapport aux autres mais par rapport à ses besoins profonds, lesquels ont malheureusement souvent été profondément enfouis lors de stratégies de protection, du style « faire d'abord plaisir aux autres » pour avoir la paix et faire cesser le harcèlement.

Nombre de surdoués ont appris, depuis leur enfance, à avoir peur : ils ne vivent plus pour eux mais uniquement en réagissant à leur environnement, d'où des réactions émotionnelles qu'ils ne peuvent plus contrôler car ils ont dissocié leur corps de leur intellect.

Cette dissociation leur est fatale, car, comme Damasio[1] le rappelle, le corps est le premier à ressentir les émotions qui sont elles-mêmes à l'origine des décisions prises de façon intellectuelle. Négliger le langage du corps, c'est donc risquer de prendre les mauvaises décisions.

---

1. Voir page 93.

La prochaine fois que vous aurez à prendre une décision, posez-vous ces deux questions : « Comment vais-je me sentir si je prends cette décision ? » et « Comment vais-je me sentir si je ne la prends pas ? » Écoutez attentivement la réponse que vous dictera votre corps, car lui ne ment pas.

Certes, il ne vous sera pas très facile d'écouter votre corps si, pendant longtemps, vous avez appris à vous dissocier. Des techniques de relaxation, de méditation ou de la Gestalt-thérapie peuvent néanmoins vous aider dans ce réapprentissage et vous aider à prendre conscience des processus à l'œuvre dans la relation que vous entretenez avec votre environnement.

Réapprendre à écouter les demandes de votre corps, au travers des émotions qu'il diffuse en vous, vous permettra de vous réapproprier ces trois mots : « Je me protège ». Cette affirmation ne signifie pas « parer au mieux les coups portés par l'autre », mais plutôt : « J'écoute mes besoins profonds ». Elle implique que vous soyez d'abord à l'écoute de vous-même, pas des autres. Refuser de continuer une conversation toxique qui vous déstabilise ou laisser éclater votre colère au lieu de la laisser vous ronger n'est pas égoïste, c'est vous protéger.

Pour mieux être à l'écoute de vos émotions, apprenez à vous « centrer » sur votre corps, ce qui va vous demander un peu de concentration. Fermez les yeux et essayez de visualiser un point, qui se trouve à l'intérieur de votre corps, à deux doigts au-dessous du nombril et à mi-chemin entre le ventre et le dos. Immédiatement votre respiration ralentit, devient plus ample, apaisante. Vous êtes maintenant à l'écoute de ce que vous ressentez, car cet exercice permet à vos deux hémisphères cérébraux de se resynchroniser.

Une autre possibilité pour vous aider à retrouver le chemin de votre corps consiste à entreprendre l'écriture d'un « journal émotionnel ». Relatez ce que vous avez vécu, vos souvenirs, vos rêves…, en décrivant vos émotions, vos expériences et vos désirs, pour mieux analyser ensuite les moments de confort et d'inconfort éprouvés lors de ces diverses situations. Pensez à ne pas y relater que les émotions négatives. Veillez aussi à noter les émotions positives et nourrissez-vous de l'énergie qu'elles vous ont apportée.

Vous pouvez aussi apprendre à différer votre réponse à une question qui vous déstabilise, en comptant mentalement jusqu'à 5. Ces cinq secondes sont le temps nécessaire pour mettre de la distance entre vos émotions et vous. Si vous regardez les leaders politiques à la télévision, vous vous apercevrez qu'ils ont souvent recours à cette astuce.

Apprenez à prendre le temps de vous reposer physiquement. C'est indispensable car, quand vous êtes fatigué, vos émotions sont exacerbées et le stress qui s'ensuit accroît votre vigilance et vous rend plus sensible à tout. Faites une bonne sieste ou, à défaut, volez quelques minutes de repos où que vous vous trouviez (toilettes, archives, transports en commun). Ou alors, écoutez des «bruits blancs» ou de la musique pour mieux vous déconnecter de ce qui vous entoure et pour vous détendre.

La «bibliothérapie», ou apaisement par les livres, devrait également plaire aux surdoués amateurs de lecture. Oubliez les essais et autres écrits techniques! Prenez plutôt un bon polar, une vraie histoire qui vous emmènera loin de votre vie quotidienne et qui vous aidera à vous ressourcer. Dix minutes avant de vous endormir, c'est un excellent somnifère..., sauf évidemment si le bouquin est trop passionnant.

Pour profiter pleinement des bienfaits que pourront vous apporter ces techniques et ces dérivatifs, apprenez à les utiliser de manière régulière, comme des routines ; même si routine et discipline ne sont en général pas une inclination naturelle chez nombre de surdoués.

## Apprendre à fixer des limites

Apprendre à poser des limites est fondamental pour éviter de se retrouver en situation de burn out ou pour contrer le harcèlement.

Combien de surdoués «se font avoir aux sentiments», en acceptant de s'acquitter de certaines tâches alors qu'ils n'en ont pas envie ? Leur vision globale leur donne un sens des responsabilités peu commun et, sauf estime de soi bien ancrée, il leur est difficile de répondre par la négative aux demandes «exceptionnelles» qui peuvent leur être faites. La peur de déplaire ou d'être rejetés, mais aussi la culpabilité de ne penser qu'à eux – émotions qui remontent, on s'en doute, à l'enfance et surtout à l'école – sont en général à l'œuvre, de même que le manque de repères déjà évoqué. Mais jusqu'où aller dans l'acceptation et à partir de quand dire non ?

Pour apprendre à dire non, commencez par vous rappeler que, pour l'entreprise, ce qui est rare est cher et ce qui est abondant ne vaut rien. En d'autres termes, plus vous donnez à l'entreprise, moins celle-ci en fera cas.

En disant « oui » par peur de mécontenter les autres, vous leur donnez très vite de mauvaises habitudes : leurs demandes « exceptionnelles » deviendront fréquentes, vos « oui » seront tenus pour acquis et vos « non » passeront pour de la mauvaise volonté. Donc, apprenez d'abord à ne pas dire « oui » immédiatement.

Apprenez de ceux qui savent dire non, donc qui respectent leurs besoins. Ils s'appuient sur trois constats :

- « En gardant du temps pour moi, je préserve ma santé : c'est bénéfique pour tout le monde ». Même si votre entreprise a un peu de mal à comprendre parce qu'elle est un peu trop orientée court terme, forcez-vous à vous répéter sans cesse, tel un mantra : « Je me protège ».

- « Si je me traite avec respect, les autres me traiteront également avec respect ». En tant que surdoué, il va donc falloir que vous appreniez à surmonter ce déni de vous-même qui vous a été inculqué par votre environnement depuis votre enfance.

- « Il est normal de ne pas être d'accord sur tout, c'est la vie ». Sachez qu'un conflit peut se résoudre autrement que par la solution binaire – oui ou non, excellent ou nul, juste ou faux – que votre esprit d'absolu vous fait habituellement adopter. Une troisième voie est possible, même si elle est difficile à trouver quand on manque de confiance en soi : la négociation.

L'envahissement émotionnel que génère l'enfoncement régulier de vos limites est une réalité qui se transforme en stress, parfois même en vraie peur quand les demandes frôlent le harcèlement (la frontière entre un manager demandant beaucoup trop sans se soucier de l'humain et un manager harceleur est ténue).

Votre stress naît bien souvent du fait que vous ignorez ce que vos interlocuteurs attendent effectivement de vous. Prenez clairement le parti de la communication directe en osant poser des questions pour définir les contours de la demande. Pour mieux y arriver, pensez à sourire en parlant : votre sourire mettra en confiance et désarmera, en même temps qu'il vous donnera un masque bien plus efficace que si vous affichiez un visage fermé.

Malgré leur attachement au respect de la loi, nombre de surdoués connaissent mal leurs droits, par manque de repères.

Comme n'importe quel salarié, vous, surdoué, avez :

- Le droit d'être traité avec respect. Personne n'y pensera si vous-même n'y veillez pas. (L'amour « conditionnel »[1], ce n'est ni de l'amour, ni du respect).
- Le droit d'exprimer vos sentiments, opinions et souhaits (« J'aimerais… »).
- Le droit de fixer vos priorités. Il n'y a aucune raison que les demandes professionnelles empiètent sur votre vie personnelle.
- Le droit de dire « non » sans vous sentir coupable, ni avoir à vous justifier. Vous justifier pour tout incite votre interlocuteur à renégocier, donc à transgresser vos limites.
- Le droit de penser différemment de l'autre (et même des autres), même s'il(s) estime(nt) que vous avez tort : « Moi, c'est moi ; toi, tu es toi » (n'acceptez pas le « tais-toi »).
- Le droit de demander de l'aide quand la peur vous gagne (en cas de harcèlement entre autres).

Si vous tombez sur un pervers manipulateur (il en existe malheureusement plus qu'on ne le pense dans le milieu professionnel), attention ! Il va exploiter autant qu'il peut les failles de votre gentillesse, de votre besoin d'appartenance et de votre besoin de reconnaissance. Sortir de ses griffes ne sera pas simple, car le harcèlement commence insidieusement, sans que vous vous en aperceviez. Vous ne vous en rendrez compte qu'une fois sorti de l'effondrement psychique dans lequel il vous aura plongé.

---

1. L'amour conditionnel est fondé sur des attentes précises. Il induit peur et insécurité chez l'enfant et perturbe sa construction identitaire.

Mon conseil : fuyez ! Si c'est impossible, faites tout pour protéger votre santé mentale et physique :

- Mettez-le face à son attitude de harceleur et dénoncez ses manœuvres en lui énonçant des faits réels. Annoncez-lui clairement que si ces manœuvres ne cessent pas, vous porterez plainte, à la DRH puis par des voies plus légales. Cette mise au clair immédiate suffit parfois à arrêter toute tentative ultérieure de harcèlement.

- Faites tout pour arriver à ne montrer aucune émotion. Imaginez que vous jouez un rôle où que vous défendez quelqu'un d'autre : cela vous permettra de vous dissocier pour mettre vos émotions à distance. Ce n'est pas très simple à mettre en œuvre surtout quand la fatigue s'en mêle.

- Déployez des stratégies qui vous permettent de diminuer votre stress : techniques d'auto-apaisement, sport, respiration sophronique...

- Si le harcèlement persiste et que vous envisagez de vous défendre légalement, rédigez des comptes rendus sur les faits précis de harcèlement, gardez les mails compromettants..., toute preuve utile pour vous défendre ! En revanche, ne comptez sur aucun témoignage de collègues en entreprise.

Si vous êtes confronté au harcèlement d'une seule personne, vous avez une chance de vous en sortir, même si le harceleur est votre manager. Par contre, si le harcèlement fait partie de la stratégie et de la culture de l'entreprise, ce sera beaucoup plus compliqué... Il faut être lucide : le harcèlement se termine en général par le départ du harcelé. Et je ne souhaite à personne d'apprendre à vivre en ayant peur en permanence.

Sachez simplement que le harcèlement est un traumatisme, et que celui vécu à l'école ou en famille fonde d'autres situations de harcèlement. Prenez-en conscience et travaillez sur le sujet afin de renforcer votre estime personnelle et d'éviter la réactivation d'un syndrome de stress post-traumatique en situation professionnelle, par exemple en recourant à l'EMDR[1].

---

1. EMDR : *Eye-Movement Desensitization and Reprocessing*, ou Désensibilisation et retraitement par les mouvements oculaires, thérapie particulière pour réduire les traumatismes.

Face à une personne avec laquelle vous vous sentez coupable de mal travailler, posez-vous les questions suivantes :

- Suis-je traité avec un vrai respect ?
- Est-ce que les attentes et les demandes de cette personne à mon égard sont raisonnables ?
- Y a-t-il un véritable échange dans cette relation ?
- Ai-je envie de continuer cette relation ?

Toute réponse négative à l'une ou l'autre de ces questions signe que vos limites ont été enfoncées et que vous êtes en danger. Vous avez sans nul doute bien mieux à faire ailleurs... Rappelez-vous : on quitte un manager, pas un job !

J'imagine à l'avance l'objection que vous soulèverez : « souffrir de cette situation me semble pourtant moins dur que d'envisager de changer, car la peur d'aborder l'inconnu et tous ses dangers d'exclusion me paralysent intellectuellement ». Parce que j'ai bien connu cette situation, je vous réponds : si vous voulez arrêter de subir, la seule solution est pourtant d'entrer en action. Le plus long des voyages commence toujours par le premier pas... Encore faut-il avoir envie de le faire ! Pour vous aider à franchir ce pas, veillez à ne pas rester isolé, à disposer d'un réseau et de personnes pouvant vous conseiller, mais également tentez de vous fixer un objectif, même lointain, auquel vous croyez vraiment (et qui donne du sens à votre vie).

Enfin, je ne résiste pas à l'envie de partager avec vous cette phrase de Julia Cameron[1] qui parle de l'importance d'imaginer que le pire n'est jamais sûr : « Saute, et le filet apparaîtra ».

## QUESTIONS DE SANTÉ

**«** Pourquoi m'attribue-t-on des tempéraments dans lesquels je ne me reconnais pas ? Colérique, dilettante, etc. Ça les fatigue ces grandes

---

1. Auteur de *Libérez votre créativité !*, The Artist's Way, 1992.

colères et ces grandes émotions. Ils voudraient juste que je sourie tout le temps et que je trouve tout normal. Mais je ne trouve rien de normal, jamais, tout est incohérent les trois quarts du temps, ce n'est pas de ma faute quand même ! Je dois être bipolaire, cela ne peut être que ça. **»**

Laetitia

## L'hypersensibilité

Michael Piechowski[1] a titré son dernier ouvrage : *Ils me disent de me détendre. Si seulement je pouvais.* Tout un programme !

Le regard des « autres » renvoie sans cesse un surdoué à sa singularité, voire à son étrangeté. Nombreux sont ceux qui témoignent de leur soulagement d'apprendre, une fois la passation d'un test ayant validé leur surdon, qu'ils ne sont pas fous. « Bizarre », « fou », « malade mental »…, voilà donc l'image que peut aussi véhiculer un surdoué.

Comme on l'a vu, l'architecture du cerveau du surdoué présente « des neurones en plus », qui lui donnent une sensibilité peu commune. Cette hypersensibilité est intense. Le surdon est tellement associé à « quantité de quotient intellectuel » qu'on néglige cet aspect important.

L'hypersensibilité qui fait vivre le surdoué avec une intensité peu commune le fait donc aussi souffrir. À tel point qu'il faut rester vigilant quant aux diagnostics médicaux qui sont parfois posés sur son mal-être, en gardant en tête que ce qui est considéré comme anormal (déviant, pathologique) fait partie de l'ordre du normal pour lui.

Certes un surdoué peut effectivement être atteint de certaines pathologies, mais ne tombons pas dans ce que j'aurais tendance à qualifier d'« effet de mode » : la pathologisation de la différence. Les risques et les conséquences de diagnostics erronés sont graves : une médicamentation inappropriée et même une hospitalisation non fondée peuvent durablement éteindre une intelligence.

---

1. Docteur en biologie moléculaire et en psychologie, il a beaucoup travaillé avec le psychiatre polonais K. Dabrowski. Il est l'auteur de *Living with Intensity* (Great Potentiel Press, 2008) qui traite de l'hypersensibilité.

Quand un surdoué dit que son surdon est un handicap, c'est de sa souffrance d'être tributaire d'une sensibilité débridée dont il parle.

S'accepter en tant que surdoué, mieux se connaître et apprendre à se respecter sont des enjeux majeurs pour vivre sereinement, qui rassurent sur son droit d'exister et sur la place que l'on peut occuper. Se faire accompagner pour mieux comprendre son fonctionnement permettra sans nul doute au surdoué de gagner un temps précieux.

## Les hyperexcitabilités

Tout le monde est sensible. Les surdoués, eux, sont hypersensibles.

Dans les années soixante-dix, le psychiatre polonais Kazimierz Dabrowski a mis en lumière les hyperexcitabilités (*overexcitabilities* ou OE, en anglais). Ces surréactions, qui ne se manifestent pas chez tout le monde avec la même intensité, sont dues à un système nerveux plus sensible. Elles conduisent à des réactions de stress en faisant expérimenter la réalité plus intensément. On est ainsi plus curieux, imaginatif et créatif, mais on ressent aussi plus profondément et avec plus de complexité toutes ses émotions, ce qui induit une façon singulière de considérer la vie.

Le surdoué a, par exemple, toujours bien du mal à rationaliser ses relations avec les autres. Si une personne lui est sympathique, il lui est extrêmement facile de la côtoyer et de travailler avec elle. Dans le cas contraire, l'acuité de son ressenti lui fait percevoir les dissonances existant entre les paroles et l'expression corporelle (gestes, voix, regard…) de son interlocuteur. Le contact avec cette personne peut alors très vite devenir une véritable torture pour lui : l'alerte est déclenchée, son hypervigilance est activée, sans que sa raison n'ait le moindre mot à dire.

Dabrowski a identifié **cinq formes d'hyperexcitabilité : psychomotrice, sensuelle, imaginaire, intellectuelle et émotionnelle.**

**L'hyperexcitabilité émotionnelle**, la plus visible, se traduit chez le surdoué par des sentiments très intenses et la capacité à exprimer une vaste gamme d'émotions (rougeurs subites, maux d'estomac, etc.). Il peut très rapidement passer de l'inhibition (timidité) à l'excitation (enthousiasme), et vice-versa. Il est également capable d'empathie et fait montre d'une grande profondeur dans ses attachements affectifs. L'amplitude extraordinaire de ses émotions est problématique : il peut passer très (trop) facilement d'une joie intense, douloureuse même, à une désespérance si abyssale qu'il va jusqu'à souhaiter en finir avec la vie.

**L'hyperexcitabilité psychomotrice** génère chez le surdoué un besoin intense d'activité physique et de mouvement. Son énergie physique débordante se manifeste par des tics et des logorrhées, ou encore le besoin de faire le clown. Elle peut le conduire à un penchant obsessionnel de l'organisation et au « workaholisme ». Il peut également éprouver de grandes difficultés à s'endormir à cause d'une activité cérébrale qui n'arrive pas à se mettre en veille : le cerveau, en surchauffe, n'arrête pas de tourner et la pensée ne ralentit pas. Plus problématique encore pour lui, il peut avoir des comportements déplacés (nervosité, violence).

**L'hyperexcitabilité sensuelle** s'exprime chez lui par une exacerbation des sens. Pour limiter l'envahissement qui résulte de cette hyperperception, le surdoué peut se tourner vers des addictions en tous genres qui vont, temporairement, l'aider à en atténuer les effets.

**L'hyperexcitabilité intellectuelle** est le propre de celui qui a des convictions morales fortes, notamment le surdoué. Elle induit la curiosité, la capacité à soutenir un effort intellectuel intense, une avidité en matière de lecture, un penchant certain à poser des questions pertinentes et à résoudre des problèmes, mais aussi à critiquer.

**L'hyperexcitabilité imaginaire** facilite, elle, l'association des informations, le recours important aux métaphores, le souci du détail (les rêves sont si vivaces qu'ils peuvent être racontés par le menu), le risque étant pour le surdoué de se disperser.

Dans tous les cas, le surdoué aux prises avec ses émotions est avant tout quelqu'un qui a d'abord besoin de bienveillance, d'être « simplement » au calme, voire, comme un petit enfant, d'avoir un câlin, pour se rassurer et trouver un peu de paix !

Si l'hyperexcitabilité relève de l'inné – on ne peut rien y changer –, son expression (l'hypersensibilité) peut être modulée; c'est une question d'apprentissage. Même si aller contre sa nature n'est jamais simple, voici quelques pistes pour vous aider:

- **Côté émotions**, dites ce que vous ressentez: la verbalisation met à distance vos émotions et, avec un peu d'humour, vous vous attirerez même la sympathie de vos interlocuteurs.

  Évitez les activités émotionnellement trop «demandeuses», ou compensez cette fatigue émotionnelle par des activités extraprofessionnelles qui vous rechargeront en énergie (méditation, marche dans la nature ou toute autre activité favorisant l'apaisement).

- **Côté motricité**, défoulez-vous physiquement, mais aussi verbalement (théâtre, chant) pour compenser la station immobile imposée. Privilégiez les activités extraprofessionnelles qui demandent de la spontanéité (improvisation, peinture...).

  Recherchez plutôt une activité professionnelle où vous serez le plus autonome possible (fixation d'objectifs avec liberté d'action pour les atteindre) dans laquelle vous êtes sûr de vous dépenser: visites sur le terrain (clients, fournisseurs, chantiers, interviews), tri de documents, conduite d'engin...

Que vous manifestiez de l'intensité dans tous les aspects de votre vie – c'est-à-dire que vous soyez capable de vous émouvoir «pour des riens» – est loin d'être une tare, même si notre culture occidentale condamne l'expression des émotions, sauf sous contrôle. Il est vrai que les surdoués eux-mêmes, bien qu'hypersensibles, sont facilement épuisés par les personnes qui manifestent leur intensité, donc facilement enclins à condamner ce qu'ils demandent aux autres de supporter chez eux.

## Les erreurs de diagnostic

Pour ceux qui ignorent être surdoués, l'intensité prend un tour douloureux, qui fonde souvent la question «Qu'est-ce qui cloche chez moi?». Le risque est ainsi grand que leurs hyperexcitabilités (leurs «trop») soient perçues comme des troubles, que ne leur soit alors posé un diagnostic erroné et que ne soient prescrites à ces surdoués des médicamentations abusives, voire que ne soit imposé un internement en hôpital psychiatrique pour certains.

Il n'est pas question ici d'entrer dans le détail des diagnostics différentiels. Outre que ce serait beaucoup trop long, je vous invite plutôt à consulter « *Misdiagnosis and dual diagnoses of gifted children & Adults* », ouvrage très documenté sur le sujet[1].

Rappelez-vous que la plupart des individus ne connaissent pas la différence entre ce qui est considéré comme normal chez un surdoué et ce qui est considéré comme une névrose dans la population générale. Ce qui est normal chez un surdoué peut donc être facilement pathologisé par un corps médical insuffisamment informé, tandis que certains autres troubles risquent d'être mal évalués.

Les pathologies les plus fréquemment diagnostiquées à tort (parce que le diagnostic est posé en statique dans un cabinet, totalement hors contexte) sont l'autisme, la schizophrénie, l'hyperactivité avec déficit d'attention (THADA), la bipolarité.

Quand un médecin (un psychiatre) rencontre un patient nouveau, voici les questions qu'il devrait se poser :

- Asperger ou surdoué introverti manquant d'habiletés sociales ?
- Schizophrène ou surdoué qui intellectualise sa souffrance et a besoin de s'isoler pour se protéger d'un stress, son isolement le conduisant au décrochage ?

Ces deux exemples concernent tout particulièrement les « extrêmement » doués.

Ensuite :

- THADA ou surdoué hyperactif qui cache son ennui ou sa dépression sous un masque d'agitation ?

---

1. *Misdiagnosis and dual diagnoses of gifted children & Adults* écrit par un collectif de neuro-psychologues américains.

- Déficit d'attention ou fatigue générée par une trop grande charge quotidienne de surstimulations: cascades d'e-mails, sonneries incessantes de téléphone, pollution urbaine, matraquage publicitaire et «vite-vite» permanents qu'impose le rythme actuel de notre société?
- Bipolaire ou surdoué surréagissant au stress d'un projet lourd à mener et à la décompensation qui s'ensuit quand le projet est terminé?

Très souvent le diagnostic erroné repose sur un tableau clinique incomplet, parce que le malade est atypique (et pour cause...). Ce fut le cas de Josef Schovanec, porte-parole des autistes Asperger, diagnostiqué à tort schizophrène, mais d'autres surdoués témoignent d'un sort similaire sur mon blog.

Dans tous les cas – comme pour les dyslexiques – quand un surdoué est vraiment porteur de l'une ou l'autre de ces pathologies (ce qui arrive), le diagnostic en est rendu difficile, car le surdon arrive à compenser partiellement les difficultés induites par la pathologie, en même temps que cette dernière gomme les manifestations du surdon.

On rejoint ici la difficulté d'un surdoué à se comprendre et à se fixer des limites, tant les contours de ce qu'il est lui paraissent flous.

## Apprendre à connaître et (surtout) accepter ses limites

Quand on est à ce point en attente de reconnaissance (trouver enfin sa place!), si attentif à ce que les choses soient faites correctement («comment ça, moi, perfectionniste?»), si curieux de tout, si conscient de ses lacunes, on ne va quand même pas se rajouter un nouvel objectif, celui d'accepter qu'on a des limites! Trop c'est trop!

Et pourtant... Il faut que vous appreniez à cerner vos limites, car l'entreprise ne se prive pas de les tester pour vous en permanence. Si vous n'êtes pas capable de lui dire où se situent vos limites, elle ne les respectera jamais et vous en ressortirez très affaibli sur tous les plans. Bien que dénommée «personne morale», l'entreprise ignore ce que sont les limites humaines.

Pour toutes les raisons déjà évoquées, vous avez vraisemblablement tendance à assumer plus de tâches que ne l'exige votre poste. Ce qui motive votre incroyable puissance – votre hypersensibilité, votre intensité – est un moteur que vous devez apprendre à dompter et à ménager (on ne conduit pas et on n'entretient pas un V16 comme une 2CV !). En négligeant ces limites, vous vous exposez à la fatigue et à toutes ses conséquences : anxiété, impatience, irritabilité… Comme tout le monde, certes, mais en ce qui vous concerne, bien plus intensément.

Combien de surdoués ne se sont pas retrouvés avec un bilan d'asthénie ou en arrêt maladie pour surmenage ? La charge de travail n'est pas la seule en cause, les contraintes qu'ils s'imposent pour s'adapter à un environnement qui ne fonctionne pas comme ils le voudraient les épuisent aussi : ils se brident pour se mettre au niveau des autres. Alors, savoir qu'ils fonctionnent différemment doit leur permettre de mettre en place plus facilement les bonnes stratégies pour accepter leurs limites.

**《** Je suis capable de dépasser mes limites, mais il me faut ensuite un temps infini pour recharger mes batteries ; un burn out m'a fait comprendre que le corps cédera toujours avant le mental qui, pour moi, n'a pas de limite. **》**

Renarde20

**《** Si je n'y prends garde, mon métier dévore mes journées, mes nuits et mon énergie. Je m'interdis donc de travailler le week-end. **》**

Agafia

**《** Je suis souvent perçue comme une workaholic, ce que je suis en réalité. J'ai eu facilement 6 ou 7 arrêts de travail pour épuisement physique au cours de mes 25 ans de carrière. Je ne me voyais pas m'épuiser, mais c'est quand le corps disjonctait que je me disais "Ah oui, là, c'est too much". Mon DG m'avait fixé comme objectif personnel : savoir ménager ma monture ! Je ne sais pas m'arrêter, ni m'autoriser à lever le pied. Très exigeante envers moi-même, j'ai toujours le sentiment que je peux faire mieux, que je dois faire parfaitement les choses... C'est déjà bien d'en être consciente ! **》**

Catherine

Par exemple, vous éprouvez tant de bonheur à vous sentir vivre en faisant fonctionner votre cerveau que vous ne sentez pas venir le burn out. Pourtant, celui-ci est la conséquence de ce vous n'avez pas respecté vos limites. Il est vraisemblable que le travail est une sorte d'addiction pour vous, car il contrecarre l'angoisse et la fatigue que vous ressentez quand il vous faut ralentir pour aller à la même vitesse que les autres.

Là est la difficulté : la pensée et la réflexion se moquent du corps, elles n'ont pas de limites. Le corps, lui, en a, il doit se reposer et se ressourcer (même si dormir et manger – en plus assis à table et au calme – semble une perte de temps). Il faut apprendre à se reconnecter à son corps et en écouter les réactions, sinon, un jour, le corps se vengera.

> **《** La seule fatigue que je connaisse est physique. Si je dors trop peu, je m'endors brutalement : ça m'est arrivé une fois chez un client, alors que j'étais en train de lui parler. Quand je le peux, je fais une sieste, n'importe où. Si je ne suis pas en forme pour être à fond sur un truc, je glande et alors ça décante. Tous les jours, je m'impose une pause lecture, et je pratique souvent la passivité télévisuelle, inerte sur mon canapé. **》**

Myl

Votre rapport au perfectionnisme (qui vous est reproché) est un point de pression avec votre environnement, donc un élément clé pour accéder au mieux-être. Votre niveau d'exigence est appelé perfectionnisme par ceux qui n'ont pas d'attentes aussi élevées que vous, ce qui génère un décalage très frustrant. Et comme il vous est impossible de tout contrôler et maîtriser comme vous le souhaiteriez (ce qui peut expliquer votre réputation de mauvais caractère, voire de « tyran »), votre exigence vous conduit à stresser en permanence.

Il existe donc un juste milieu, un équilibre à trouver, entre « le trop » qui vous est reproché et « le rien » que vous reprochez à votre environnement professionnel. Pour l'atteindre, il vous faut apprendre à lâcher prise. À l'impossible nul n'est tenu, certes, mais qu'est-ce qui est impossible ? Une fois encore, il s'agit d'une question de repères !

Voici comment le lâcher prise peut vous aider à lutter contre votre perfectionnisme, d'abord avec des droits que vous devez vous appliquer :

- Vous avez le droit de faire des erreurs, parce qu'elles sont inévitables, surtout si vous êtes en train d'élaborer quelque chose de nouveau.
- Vous avez le droit d'avoir vos propres opinions et convictions, y compris en termes d'exigence.
- Vous avez le droit de changer d'opinion et de faire différemment que prévu.
- Vous avez le droit de vous sentir mal et de le dire, donc de « déranger » les autres en leur exprimant votre mal-être.
- Vous avez le droit de ne pas vous justifier en prenant exemple sur ceux qui y arrivent très bien et qui ne culpabilisent pas pour autant.
- Vous avez le droit de ne pas anticiper les besoins et les désirs des autres, ce qui vous évitera de laisser la porte ouverte aux abus et le risque de paraître quelque peu envahissant.

**«** Quand je travaille en temps contraint, je suis plus objective, plus efficace et moins exigeante envers moi-même. Je travaille aussi sur le «lâcher prise». Faire des footings dans la nature m'aide à relativiser l'importance d'un projet, mais aussi à accepter que les gens n'ont pas forcément une image parfaite de la professionnelle que je suis. **»**

Catherine

**«** Lâcher prise quand on le peut, relativiser si on y arrive permettent d'éviter que cela tourne systématiquement à l'obsession ! **»**

Dan

**«** Procrastination "intelligente" : on démarre la tâche pour voir ce qui doit être fait, on estime un délai suffisant, puis on attend le dernier moment. L'esprit est suffisamment bien fait pour aller à l'essentiel et trouver des solutions rapides. **»**

Alex

adapte la méthode Flylady à ma vie professionnelle :

- je me fixe des limites temporelles (pour préparer mes cours ou effectuer une tâche domestique) ;
- je rationalise pour dédramatiser : je me répète que ce n'est pas grave si tout n'est pas fait, que je ferai avec ce que j'ai déjà ;
- je fractionne tout projet en petites tâches, ce qui est moins effrayant. Ainsi, quand je dispose de peu de temps, je peux au moins avancer quand même ;
- je note tout ce que j'ai à faire dans le but d'alléger mon cerveau ;
- régulièrement, je me pose et je fais le point sur tel ou tel projet. En général, je m'aperçois que j'ai plus avancé que je ne le pensais, ou que ce qui me paraissait énorme ne l'est pas du tout en réalité. Ça diminue le stress dû aux projets qui risquent de ne pas être finis. **》**

Agafia

**《** J'abandonne de plus en plus les projets larges et superficiels, véritables Waterloo de tout perfectionniste avéré. Je me concentre sur des projets étroits et profonds, améliorables à l'infini que je peux soumettre en versions incrémentales. Je procrastine encore sur les projets mal "formatés" que je n'arrive pas à abandonner. Et quand la peur de ne rien faire dépasse (enfin) la peur de mal faire, je me mets en route et je combats jusqu'à épuisement des ressources disponibles. La plupart du temps, je m'en sors très bien ; mais là, c'est mon ego qui parle, je ne suis pas sûr que ma santé physique soit du même avis. **》**

Jed

Effacez ce « peut mieux faire » que l'école vous a mis dans la tête, qui correspond à des critères de qualité qui ne sont définitivement pas les vôtres ! Votre perfectionnisme est pour partie lié à la honte et la culpabilité exercées par la pression à vouloir à tout prix vous conformer et rentrer dans le rang. Et vous finissez par vous interdire beaucoup trop de choses. Vous vous bridez jusqu'à l'asphyxie, jusqu'à en perdre toute motivation (« À quoi bon… »)…, jusqu'à vous endormir intellectuellement et physiquement (dépression, burn out), ou même définitivement (suicide).

Osez être vous-même et acceptez votre différence. Grâce à vos spécificités et à vos atouts, vous pouvez renaître de vos cendres, d'une façon ou d'une autre, tel un phénix, à condition de vous autoriser à exister en tant que surdoué et d'accepter de prendre votre place dans le monde des non-surdoués.

Recourez aussi au monologue intérieur : pas celui qui condamne vos imperfections, mais plutôt celui, bienveillant, qui vous encourage à capitaliser sur ce que vous avez déjà fait. Ce dialogue intérieur positif vous fait prendre conscience que « faire » est mille fois plus constructif que seulement « penser ». Vous contenter de penser laisse le champ libre au dénigrement (ce que vous ferez sera mal fait), alors que faire vous permet de corriger ce que vous avez imparfaitement fait (et non « mal fait »). En outre, vous percevrez mieux les progrès réalisés.

Acceptez d'être indulgent envers vous-même, ce n'est pas du laxisme. Lâcher prise ne signifie pas laisser-aller. Pourquoi ne pas admettre, de temps en temps, que vous avez su faire quelque chose, même si cela vous semble insignifiant : ce n'est peut-être pas grand-chose, mais au moins c'est fait. Un verre à moitié plein est toujours plus motivant qu'un verre à moitié vide !

Cerner et accepter vos limites, c'est donc une façon de prendre votre place et d'exister en tenant compte de l'expression de vos besoins.

Mettez en place quelques petites routines, que vous vous imposerez petit à petit (surtout pas d'un seul coup, pour éviter de vous stresser et de vous décourager !).

Écrivez votre journal : en formalisant les situations d'inconfort lors de certaines situations et en les analysant, vous prendrez conscience de certaines de vos limites.

Faites de nombreuses petites pauses et efforcez-vous à un minimum d'exercice physique (préférez l'escalier à l'ascenseur). Mettez à profit les alarmes de rappel de votre ordinateur ou de votre smartphone pour prévoir des étirements tous les quarts d'heure et des pauses toutes les deux heures au minimum. Prenez vos rendez-vous professionnels extérieurs vers 16 h :

vous ne serez pas obligé de repasser par le bureau ensuite, et pourrez ainsi profiter de ce temps libre pour vous ressourcer.

Il est démontré qu'on sait prendre de meilleures décisions pour les autres que pour soi-même : pour certaines options de travail, prenez de la distance et réfléchissez dans votre tête en parlant de vous à la 3ᵉ personne (dans le cas d'une orientation professionnelle, par exemple).

> **«** Il faut essayer, toujours essayer. Quitte à se prendre une "rouste" d'anthologie, il faut se relever et y retourner. Pourquoi accepte-t-on finalement volontiers de faire confiance aux autres avec l'idée que l'on peut se tromper et n'accepterait-on pas de croire en soi ? Sans parler de changer le monde ou se surestimer, juste l'idée d'essayer même ce qui nous paraît improbable est à tenter. **»**
>
> Nathalie

> **«** J'ai compris qu'en tant qu'humains, nous étions tous amenés à nous planter un jour, et que mieux valait se casser la figure et en retirer une leçon plutôt que de ne rien tenter… Mon credo depuis l'adolescence : qui ne tente rien n'a rien ! Et j'avance. **»**
>
> Solange

Petite pensée pour les femmes surdouées actives avec enfants : se préserver devient un enjeu vital. Plus encore pour vous, ces petites routines sont essentielles, car vous avez tendance à vous faire passer en dernier, quitte à rayer définitivement de votre agenda toute activité qui vous nourrit et vous aide à tenir !

## Apprendre à trouver sa place

Comment trouver sa place en entreprise ?

D'abord, il faut prendre un peu de recul pour regarder la grande image : Max Weber, l'un des fondateurs de la sociologie, voyait le système bureaucratique comme le summum de l'organisation, grâce à une hiérarchie structurée de personnes compétentes appliquant des règles aussi impartiales qu'impersonnelles.

La réalité est toute autre en entreprise : chacun s'approprie les règles du jeu communes pour se créer des marges de manœuvre lui permettant d'atteindre ses propres objectifs. En effet, si l'obsession de l'entreprise est souvent la rentabilité, cet objectif n'est pas forcément celui de ses salariés. Chacun y apporte ou y retrouve des contextes, mais aussi des rapports de force ou de pouvoir, qu'il a déjà expérimentés au sein de sa cellule familiale. Se rejouent donc en entreprise des stratégies personnelles développées en réponse à des situations familiales vécues.

Rappelez-vous que divers souvenirs, chargés émotionnellement, remontent aux toutes premières années de la vie (entre la naissance et 5 ans). L'intensité propre au surdon se mêlant au chemin de la vie, on peut être en présence de traumatismes qui auront fragilisé la structuration identitaire. Comment le surdoué peut-il ainsi s'affirmer face à un manager qui le terrorise et l'humilie en permanence, quand le principe de l'impuissance apprise, acquis en famille ou à l'école, est si ancré en lui ? Comment va-t-il pouvoir réclamer une promotion quand sa performance lui paraît normale ? Comment va-t-il pouvoir s'intégrer s'il ne fonctionne qu'en mode *warrior* pour ne pas se retrouver en position de demandeur (cas du surdoué harceleur déjà évoqué) ?

Pour le surdoué, « trouver sa place » revient à parler de son identité, ce qui est bien souvent problématique puisque, jusque-là, il a passé son temps à être corrigé, canalisé, remis d'équerre, replacé de force dans le rang, harcelé, stigmatisé, ostracisé, marginalisé, rogné et nié... (Si ce n'est heureusement pas le cas de tous les surdoués, cela arrive suffisamment souvent pour qu'il faille le signaler).

En outre, de nombreux surdoués, dans leur grande naïveté, voient avant tout l'objectif de rentabilité de l'entreprise qu'ils font leur, quand c'est à l'ego de ceux qui composent l'entreprise qu'ils devraient d'abord s'intéresser et aux relations qui en découlent.

Connaître les jeux d'acteurs, découvrir ce que cache chaque rôle, comprendre l'enjeu de certaines relations sera bien plus utile pour éviter les écueils et appuyer sur les bons leviers. Il ne s'agit pas pour le surdoué de devenir « manipulateur » ou « politique », juste d'utiliser des techniques qui le feront passer du statut « être mangé » à celui de « manger ».

Voici quelques derniers conseils pour mieux trouver votre place :

- D'abord, n'oubliez pas que, dans toute organisation, existent toujours des jeux d'acteur : chacun y joue un rôle en fonction de son objectif personnel. S'engager avec une confiance aveugle serait une erreur, d'où l'intérêt d'obtenir des informations sur la réalité de l'entreprise pour éviter de mauvaises surprises lors d'un processus de recrutement.

- Ensuite, écoutez votre corps et ses ressentis, et fuyez autant que possible toute relation qui fait mal (nœud à l'estomac et digestion difficile en sont le signal). Dans certains cas, c'est compliqué et difficile (manager direct, partenaire obligé…).

- Ne restez pas isolé et développez un réseau de relations d'entraide : parler de ce que vous ressentez éloignera le danger de vous laisser ensevelir sous l'épuisement psychique généré par une relation douloureuse.

- Si votre situation professionnelle ne peut pas s'améliorer – quoi que vous fassiez, l'« autre » en a après vous –, n'hésitez pas à quitter votre entreprise actuelle et positivez cette expérience : n'importe qui (donc vous aussi) peut « se faire avoir » et mettre du temps à se rendre compte que certaines relations peuvent être toxiques.

- Apprenez à vivre avec les autres, pas seulement avec d'autres surdoués, ce qui signifie : acceptez que ces « autres » ne fonctionnent pas comme vous et adoptez une attitude qui vous aidera à gérer émotionnellement vos relations et à apprécier ce que le monde a de meilleur à vous offrir.

**❝** Je n'ai pas les réponses, je les cherche de moins en moins. Je m'éloigne de plus en plus du monde, de plus en plus loin. **❞**

Dan

L'isolement est le principal danger qui menace nombre de surdoués, en particulier les extrêmement doués, si peu au fait des règles du jeu social qu'ils s'épuisent à les comprendre parce qu'elles ne correspondent pas à leur système de pensée.

Trouver sa place ne concerne en effet pas que l'entreprise, mais bien une raison d'être dans une vie qui a si peu de sens.

Comme on l'a vu, le décalage ressenti du fait de sa différence peut se transformer en une véritable souffrance pour le surdoué. Or décalage et souffrance ne peuvent pas toujours être gommés par le seul travail de réflexion ou de reconnexion à un groupe : bien souvent, car la lucidité d'un surdoué ne s'applique pas à lui-même, il sera préférable de faire appel à un thérapeute sensibilisé à ce que signifie être surdoué, pour apprendre à détricoter les fils du surdon et de la construction identitaire.

Comme je ne cesse de le répéter, le surdon ne « fait » pas tout, c'est seulement un amplificateur qui permet à celui qui s'est construit solidement de se déployer, et à celui qui a été fragilisé de l'être plus encore. Autant un surdoué équilibré peut vivre pleinement ses talents et aller de réalisation en réalisation, autant un surdoué de forme « effondrée » ou « exagérée » trouve sa vie insupportable. Il serait dommage que ce dernier ne puisse se dégager de ce qui l'entrave car, à mes yeux, l'évolution du monde du travail est porteuse d'espoirs pour lui.

# EN GUISE DE CONCLUSION

*« – Voudriez-vous me dire, s'il vous plaît, quel chemin je dois prendre pour m'en aller d'ici?*

*– Cela dépend beaucoup de l'endroit où tu veux aller, répondit le chat.*

*– Peu m'importe l'endroit, dit Alice.*

*– En ce cas, peu importe la route que tu prendras, répliqua-t-il.*

*– Pourvu que j'arrive quelque part, ajouta Alice en guise d'explication.*

*– Oh, tu ne manqueras pas d'arriver quelque part, si tu marches assez longtemps, répondit le chat. »*

Lewis Caroll, *Alice au Pays des Merveilles*

Nombreux sont les talents qui ne rentrent dans aucune boîte. Au final, tant mieux! Ce serait les étouffer et contre-productif pour l'entreprise qui s'y emploierait.

Par sa capacité à apprendre facilement, à s'engager, à travailler avec puissance, à être multitâches et multi-intérêts, à voir loin, à envisager des solutions innovantes, par sa créativité, un surdoué est un véritable atout pour la structure qui l'intégrera. Malheureusement, son mode de fonctionnement singulier est encore bien mal connu et donc très mal utilisé, ce qui est dommage.

Il suffirait aux entreprises de regarder au-delà des apparences, de comprendre qu'avec une approche souple ou dans un contexte qui s'y prête, ce qui apparaît de prime abord comme un défaut peut devenir un véritable atout, une compétence clé. Pourquoi, par exemple, ne pas imaginer que ce fameux talent pour la dispersion, si agaçant dans un environnement routinier, devienne une vraie compétence pour une activité multitâche en mode projet ?

J'ai depuis longtemps une dent contre Adam Smith qui est derrière tout le processus de division du travail. Comme il l'avait prévu, celle-ci favorise l'abrutissement de ceux qui y sont soumis. Carlos Tinoco[1] parle d'ailleurs de la « *taylorisation rampante de toutes les activités, y compris celles qui étaient considérées jusqu'alors comme créatives* ». La taylorisation a chassé le droit d'être multitâches, polymathe, généraliste, tout ce que sont les surdoués !

Et si les surdoués étaient les survivants du grand mouvement d'abrutissement de l'Humanité engagé par la révolution industrielle ? Un système qui n'en finit plus de chercher à se renouveler. L'hypothèse prête certainement à sourire, mais il n'en reste pas moins vrai que se présente un ensemble d'opportunités que je trouve favorables aux surdoués.

Depuis une dizaine d'années, le groupe Manpower procède chaque année à une enquête mondiale sur le thème de la « pénurie de talents ». En 2014, plus d'un tiers des employeurs dans le monde signalait des difficultés à trouver ces talents, en augmentation de 6 % par rapport à 2008, au plus fort de la crise.

La difficulté à trouver des talents revêt deux impacts toujours plus lourds : chute de l'engagement au travail – ceux que l'on considère comme des talents ont des exigences croissantes et se comportent en mercenaires en quittant facilement une entreprise pour une autre – et perte de potentiel en matière d'innovation et de créativité. L'entreprise est donc contrainte de développer de nouveaux modèles organisationnels, tant en termes de formes de travail que de gestion du personnel. Dans un tel contexte, le rôle des RH évolue. Elles deviennent une direction véritablement proactive, avec une vision prospective et stratégique, calquée sur le plan de dévelop-

---

1. Psychanalyste et enseignant en philosophie, auteur de *Intelligents, trop intelligents – Les surdoués : de l'autre côté du miroir* (Lattès 2014).

pement de l'entreprise. Elles mettent aussi en œuvre des actions marketing pour séduire de nouveaux talents et éviter la déperdition de forces vives.

La pression pesant sur les RH est donc très forte, plus encore ces dernières années qui ont vu, particulièrement en France, augmenter les maladies liées à la pression subie par les collaborateurs dans le cadre de leur travail, comme les burn out et les suicides. Et la situation du ressenti du travail par les salariés est quelque peu alarmante : une étude publiée en avril 2015 par Deloitte et Cadremploi[1] indique « *une note moyenne de 4,8/10 pour la notion de qualité de vie au travail et une note de 7/10 pour le niveau de stress* ».

L'attention grandissante portée au bien-être des salariés s'est finalement concrétisée par une obligation pénale de prévention des risques psychosociaux. Ceux-ci, que l'on réduit souvent au risque de « stress », englobent pourtant tous les risques susceptibles de mettre en jeu l'intégrité physique et la santé mentale des salariés, par conséquent tous les risques qui ont un impact sur le bon fonctionnement de l'entreprise.

Depuis la loi du 31 décembre 1991, chaque employeur a une obligation de résultat, en plus d'une obligation de moyens. Il doit prendre les mesures nécessaires pour assurer la sécurité et la protection de la santé de ses salariés. En 2002, une nouvelle loi a complété la précédente pour préciser la responsabilité de l'employeur dans la prévention de la santé physique et mentale des salariés de l'entreprise et pour sanctionner le harcèlement moral.

Même si les risques psychosociaux ne sont définis ni juridiquement, ni statistiquement, il est donc désormais admis que le mode de fonctionnement d'une entreprise peut présenter un risque pour un salarié.

Carlos Tinoco interroge au sujet des surdoués : « *Plutôt que de continuer à parler de leurs difficultés (désormais notoires) à s'insérer dans les institutions scolaires ou professionnelles comme des conséquences naturelles de leur*

---

1. « Qualité de vie au travail : les salariés français en quête de reconnaissance », étude Deloitte/Cadremploi.fr – « Et le bonheur au travail ? », avril 2015.

*fonctionnement atypique, il serait peut-être temps de remettre en cause la façon dont ces institutions fonctionnent.* »

70 % des collaborateurs RH n'ont donc aucune formation RH ! Comment être en mesure de faire face aux changements nécessaires, alors que la pression, non plus à la conformité mais à la diversité, se fait grandissante ?

Heureusement, pour redonner espoir aux surdoués, ce qui leur a été si souvent reproché devient des qualités recherchées. On voit désormais apparaître des annonces suprenantes qui valorisent des parcours chaotiques, à l'opposé de la facilité : « *Recruteurs cherchent «gens bizarres», «procrastinateurs» et «habitués à l'échec» pour réussir transformation numérique* »[1]. La procrastination devient le signe du perfectionnisme, vulnérabilité présentée comme nécessaire pour faire du bon boulot dans un monde de plus en plus déstructuré, complexe et « bizarre ».

En tête des recruteurs valorisant ces profils moins lisses se trouve Google, qui repère ses collaborateurs sur la base de trois critères : capacité à apprendre et curiosité, leadership émergent (leader prenant la tête quand il le faut, qui sinon s'efface au profit de son équipe), humilité intellectuelle et attitude collective de *problem solving*.

Dans le même temps, des logiciels *people analytics* remplacent les traditionnels entretiens de recrutement pour analyser les candidats. Ce ne sont plus le nom de l'école dont ils sont issus ni leur rang de sortie qui prévalent, mais leurs comportements d'apprentissage, de solidarité, d'anticipation… Ces techniques de recrutement, fondées sur l'inclusion et plus sur l'exclusion, contribuent à ne plus marginaliser certains candidats, tels les autistes Asperger[2].

Dans « Les RH en 2018 : de quelles compétences aura besoin l'entreprise agile ?[3] », Manpower Group indique que 91 % des DRH « *estiment que les employés de demain seront recrutés avant tout sur leur capacité à s'adapter*

---

1. L'Atelier de l'Emploi, 28 février 2014, site de Manpower Group.
2. *"How the Hiring Process Marginalizes Candidates on the Autism Spectrum"*, The Daily Beast, 23 mai 2014.
3. L'Atelier de l'Emploi, 5 février 2014, site de Manpower Group.

*au changement, à l'incertitude. [...] Pour certains, le "freelance est l'avenir de l'homme".* »

En fait, certains managers ne sont pas seulement dépassés par les surdoués qu'ils ne comprennent pas, ils sont dépassés tout court parce que l'entreprise est en constante évolution. Celle-ci ne recherche plus des managers, juste comptables de leur équipe et chargés de faire appliquer des directives en punissant ou récompensant, elle veut désormais des « leaders transformationnels ». Ces nouveaux managers doivent être capables de former, d'inspirer, de transmettre une « vision » et de motiver des équipes qui ont non seulement le droit, mais surtout (de plus en plus) l'obligation de réfléchir, d'être créatives et autonomes. En interagissant entre elles et motivées par des leaders transformationnels, ces équipes sont ainsi capables d'imaginer des solutions nouvelles utiles au développement de l'organisation qui les emploie, ce qui induit un accroissement de l'efficacité et la satisfaction des collaborateurs, comme le confirment certaines études. Au total, l'entreprise est gagnante !

En toute cohérence avec ce qui précède, l'étude Ashridge confirme que les évolutions économiques favorisent les managers intuitifs (N) dont la pensée est stratégique, au détriment des managers sensation (S) qui sont mal à l'aise hors de la routine et de l'attention portée aux détails.

Comme les émotions sont le facteur clé du bien-être au travail, les managers transformationnels sauront naturellement manager les émotions : empathiques, ils utiliseront les émotions des autres à bon escient, sans laisser les leurs déborder.

En attendant la généralisation de ces leaders transformationnels dans toutes les organisations, des voix toujours plus nombreuses dénoncent les tendances sociopathes des entreprises, surtout dans les plus importantes. Les générations les plus jeunes, qui ont vu leurs parents maltraités, refusent de subir le même sort. Elles revendiquent le bien-être au travail ainsi qu'un meilleur partage travail-vie privée : le temps passé sur son lieu de travail n'est plus un critère de fiabilité et d'efficacité.

L'écrasement des échelons hiérarchiques facilite l'expression des émotions, mais en favorise également les excès : les entreprises contrôlaient l'absentéisme, la nouvelle philosophie consiste à prévenir les excès d'engagement (risque de burn out).

Le modèle issu de la révolution industrielle ne s'effrite plus dans le seul domaine des émotions. Il se délite aussi dans celui de la gestion de l'information. Le travail en silo s'efface, les disciplines s'entrecroisent et se mélangent.

L'information est au cœur des enjeux. La rétention de l'information était un gage du pouvoir, maintenant c'est son partage qui prime. Le *knowledge management* est supplanté par le *knowledge sharing* et, associé à l'expression des émotions, il permet la création de communautés agiles, virtuelles, internationales, décloisonnées et mobiles.

Les *slashers* qui vivent plusieurs métiers à la fois (par choix ou par obligation) rendent les surdoués beaucoup moins visibles dans leur façon de travailler. On assiste au développement d'« entreprises campus » et de « tiers lieux » qui favorisent les espaces de réunion agréables, propices à la créativité et à un travail collaboratif (les célèbres bureaux Google). La hiérarchie s'efface au profit de la mise en réseau et du développement de projets. Un projet est par nature une aventure pour créer quelque chose de nouveau : les individus créatifs, innovateurs, intuitifs, générateurs de dialogues (interstitiels, facilitateurs, transdisciplinaires…) sont les bienvenus.

Selon Denis Pennel[1], le salariat est une phase de transition, étroitement associée à la révolution industrielle. Le travailleur échangeait sa liberté contre son confort matériel (dont une protection sociale assurée par l'État). Aujourd'hui, aucune entreprise n'étant sûre de sa pérennité, le lien salarié/entreprise se délite.

Le profil des entreprises évolue en conséquence. Certes, il existe encore des grands groupes, mais le recentrage sur le cœur de métier des entreprises a entamé un retour vers le développement de nombreuses PME et freelance qui sont leurs fournisseurs. On revient en quelque sorte à une forme renouvelée des anciennes traditions de guildes et de compagnonnage de

---

1. Directeur général de la Confédération mondiale des services privés pour l'emploi (CIETT).

la Renaissance, âge d'or des polymathes. Les espaces de coworking sont leurs lieux de rassemblement.

Un surdoué doit garder en tête qu'il pense par définition hors de la boîte – c'est d'ailleurs peut-être là une indication pour qu'il crée la sienne ! Il ne lui reste plus qu'à trouver l'activité qui le challengera !

Cependant, en attendant qu'être surdoué soit aussi « normal » que de porter des lunettes, il vous appartient, à vous surdoué, de vous protéger. Et il reste à encourager le monde du travail à s'intéresser au surdon. Au regard des évolutions en cours, il est plus que temps, vous ne croyez pas ?

# Bibliographie

## Articles

« *Refuser l'oppression quotidienne : la prévention du harcèlement à l'École* », Rapport au ministre de l'Éducation nationale de la jeunesse et de la vie associative, Pr. É. Debarbieux, Observatoire international de la violence à l'école, université Bordeaux Segalen.

« *Étudiants handicapés : quelle place dans l'enseignement supérieur ? Livre Blanc sur la base des questions ouvertes pour les étudiants handicapés* », Conseil national Handicap/Groupe Mornay, étude sur les étudiants handicapés, 2012.

"*Ashridge MBTI Research into distribution of type*", M. Carr, J. Curd, F. Dent, A. Davda, N. Piper, Ashridge Business School Psychometric Services, 2011.

"*How Special Are Executives? How Special Should Executive Selection Be? Observations and Recommendations*", D. S. Onesi & S. Dilchert, Society for Industrial and Organizational Psychology, volume 2, Issue 2, pp. 163-170, June 2009 DOI: 10.1111/j.1754-9434.2009.01127.

« *Le syndrome d'épuisement professionnel ou burn-out : mieux comprendre pour mieux agir* », guide d'aide à la prévention, Agence nationale pour l'amélioration des conditions de travail (ANACT), Institut national de recherche et de sécurité (INRS), ministère du

Travail, de l'Emploi, de la Formation Professionnelle et du Dialogue social, mai 2015.

*"Emotional intelligence: An integrative meta-analysis and cascading model"*, J. Dana, L. Newman, D. A., *Journal of Applied Psychology*, Vol. 95(1), Jan 2010, pp. 54-78.

*"Invisible Gifted Students"*, P. Merrotsy in *Talent Development & Excellence*, Vol. 5, No. 2, 2013, pp. 31-42.

*"Giftedness and High School Dropouts: Personal, Family, and School-related Factors"*, Joseph S. Renzulli, Sunghee Park, University of Connecticut Storrs, Connecticut, The National Research Center On The Gifted And Talented (NRC G/T), December 2002, RM02168n2 p46-49 Spr 2005, ERIC Number: EJ773392.

*"The intellectual and psychosocial nature of extreme giftedness"*, P. Powell & T. Haden, *Roeper Review*, volume 6, No. 3, pp. 131-133, February 1984.

*"The unwanted gifted and talented: A sociobiological perspective of the societal functions of Giftedness"*, R. Persson, 2009, in Larisa V. Shavinina (ed.), *International Handbook on Giftedness*, pp. 913-924, Dordrecht: Springer Science.

*"A 20-Year Stability Analysis of the Study of Values for Intellectually Gifted Individuals From Adolescence to Adulthood"*, D. Lubinski, D. B. Schmidt & C. Persson Benbow/Iowa State University, *Journal of Applied Psychology*, 1996, Vol. 81, No 4, pp. 443-451.

*"Intellectually gifted individuals'Career Choices and Work Satisfaction: A descriptive study"*, R. S. Persson, School of Education & Communication, Jonkoping University, Sweden, *Gifted and Talented International* (2009), 24(1), pp. 11-24.

*"Labour Disputes of Gifted Employees"*, I. Van Der Waal/Altena Advice group, N. Nauta/Gifted Adults Foundation, R. Lindhout/The Netherlands, 2013.

*"Link between depression and academic self-esteem in gifted children"*,
H. Bénony, D. Van Der Elst, K. Chahraoui, C. Bénony, J.-P. Marnier,
*Encephale*, jan-feb 2007, 33(1), pp. 11-20.

*"Multipotentiality Among the Intellectually Gifted: It Was Never There
and Already It's Vanishing"*, J. A. Achter, D. Lubinski, & C. Persson
Benbow/Iowa State University, *Journal of Counseling Psychology*, 1996,
Vol. 43, No I, pp. 65-76.

*"A Synthesis of Research on Psychological Types of Gifted Adolescents"*,
U. Sak, Citation from the *Journal of Secondary Gifted Education*, 2004
15(2), pp. 70-79, Prufrock Press.

*"How do Gifted and Nongifted Students Compare on the Big-Five? Recent
Data and Conclusions"*, M. Zeidner, I. Shani-Zinovtich/University of
Haifa, Israël, *Personality and individual differences*, october 2011, DOI:
10.1016/j.paid.2011.05.007.

*"Old wine in new bottles? Relationships between overexcitabilities,
the Big 5 personality traits and giftedness in adolescents"*, W. Limont,
J. Dreszer-Drogorób, S. Bedynska, K. Sliwinska, D. Jastrzebska,
Nicolaus Copernicus University, Poland, *Personality and Individual
Differences*, Volume 69, 2014, pp. 199-204, Elsevier.

*«Giftedness in the Work Environment: Backgrounds and Practical
Recommendations»*, N. Nauta & S. Ronner, *Journal du médecin du
travail et des assurances*, TBV 16, no. 11, Nov. 2008, pp. 396-399.
Publisher: Bohn Stafleu Van Loghum, Houten, The Netherlands.
Reproduit sur le site de SENG (Supporting Emotional Needs of Gifted).

*"Giftedness in the Workplace: Can the Bright Mind Thrive in
Organizations?"*, M. E. Jacobsen, PhD.

*« Recommandations basées sur le projet de recherche : «être un
bon responsable pour les employés surdoués» »* (Titre original:
*« Aanbevelingen op basis van het onderzoek 'Wat zijn goede
leidinggevenden volgens hoogbegaafde werknemers?' »*), notes pour les

managers et responsables, S. Ronner, N. Nauta, D. Brasseur, 14 février 2012.

*"Bullying and the Gifted: Victims, Perpetrators, Prevalence, and Effects"*, J. Sunde Peterson, K. E. Ray, *The Gifted Child Quarterly*, Spring 2006, 50, 2, ProQuest, p. 148.

*"The Workplace Mobbing of Highly Gifted Adults: An Unremarked Barbarism"*, Reuven Kotleras, *Advanced Development Journal* 11, 2007, pp. 130-148.

## Livres

*Crise au travail et souffrance personnelle,* Isabelle Méténier, Albin Michel, 2010.

*Différence et Souffrance de l'adulte surdoué,* Cécile Bost, Vuibert, 2013, édition augmentée.

*Gifted Grownups – The mixed blessing of extraordinary potential,* M. K. Streznewski, Wiley, 1999.

*Gifted Adults – A revolutionary Guide for Liberating Everyday Genious,* ME Jacobsen, Ballantine Books, 1999.

*Gifted Workers – Hitting the Target,* N. Nauta, S. Ronner, Shaker Media, 2014.

*Intelligents, trop intelligents – Les « surdoués » : de l'autre côté du miroir,* Carlos Tinocco, Lattès, 2014.

*Living with Intensity,* M. Piechowski, Great Potential Press, 2009.

*Making the Difference – The critical success factors for diversity management,* Grethe van Greffen, Common Ground, 2010.

*Talent-Management spezial : Hochbegabte, Forscher und Künstler erfolgreich führen,* Springer Gabler, 2014.

## Sites

Site de SENG, Supporting Emotional Needs of Gifted (en anglais): **http://sengifted.org/**

Site de Noks Nauta (en anglais) : **http://ihbv.nl/international/english/**

Site de Frans Corten (en néerlandais) : **http://www.werkenwaarde.nl/**

Site de Davidson Gifted : **www.davidsongifted.org/**

Les 16 types de personnalité : **www.16-types.fr/**

Les profils du MBTI : **http://www.16-types.fr/16types.html**

Site de Cécile Bost : **www.talentdifferent.com**

# REMERCIEMENTS

À Agafia, Alain, Alexandre, Antoine, Armelle, Catherine, Cynorhodon, Dan, Daniel, Elena, Emmanuelle, Faïza, Florian, Inode, James, Jean-Claude, Jean-Louis, Jean-Marie, Laetitia, Marie, Nathalie et Nathalie, Papy, Philippe, Samir, Sophie, Sylvain : vous avez accepté avec générosité et sincérité de répondre à des questions pas toujours confortables pour vous.

À Yves Martin-Laval (ESSEC 83), qui a sacrifié un temps de son activité professionnelle pour me relire et contribuer à ce que mon manuscrit se maintienne dans les limites demandées par mon éditrice.

À Caroline Roucayrol, mon éditrice, dont l'humour a parfois été mis à rude épreuve avec ce manuscrit, mais dont le travail d'accompagnement et l'engagement m'ont grandement soutenue.

Au Professeur Lançon (Assistance Publique, Hôpitaux de Marseille) pour son soutien inaltérable et la dynamique d'accueil et d'accompagnement qu'il a impulsée pour les adultes surdoués.

À Alexandra Heuzey, psychologue au sein du service du Pr Lançon, pour sa lecture et ses conseils.

À Catherine Besnard-Péron et Gaud Leroux pour leurs conseils avisés sur la passation des tests de personnalité.

À la communauté de Talentdifferent dont la présence élargit le partage.

# Différence & souffrance
# de l'adulte surdoué

## CÉCILE BOST

Écrit de l'intérieur et s'appuyant sur des recherches effectuées dans les pays où la reconnaissance et la prise en charge du surdon sont bien plus avancées qu'en France, cet ouvrage lève une grande partie du mystère des surdoués adultes.

Mars 2013
978-2311-01109-8
240 p.

### Le meilleur que j'ai lu à ce sujet
L'auteure, zèbre, décortique les multiples profils et maux qui sont cachés sous le terme « surdoué ». Pour voir et comprendre le côté obscur de la force...

## Les lecteurs en parlent...

### Très satisfaisant !
J'ai beaucoup appris à la lecture de ce livre. Il est bien écrit, facile à lire, clair, bref je l'ai lu avec beaucoup d'intérêt. Je le recommande vivement à toute personne qui s'intéresse à ce sujet.

### Très bon livre
Parmi tous les livres sur le sujet, c'est celui que j'ai préféré, il est bien conçu et complet. Je le recommande à tout surdoué, toute personne qui pense l'être ou qui veut comprendre le fonctionnement d'un cerveau surdoué.

### Merci et ouf...
MERCI à Cécile Bost pour ce livre ; simple, facile d'accès et riche. OUF j'y ai trouvé de quoi nourrir ma réflexion et trouver ce que je cherchais pour répondre à mes questions.

Achevé d'imprimer en France en avril 2016 - JOUVE, 1, rue du Docteur Sauvé, 53100 MAYENNE
N° 2348145F - Dépôt légal : avril 2016
N° d'éditeur : 2016_0397